btb
Aus Freude am Lesen

btb

Buch

Im Jahr 1849 reiste Herman Melville mit einem dicken Manuskript in der Tasche zu seinem Londoner Verleger, soviel ist verbürgt. Doch nun setzt Gionos Phantasie ein. Melville stattet sich in London mit Matrosenkleidung aus und nimmt, ohne genau zu wissen, warum, eine Postkutsche in Richtung Bristol. Mit ihm reist eine junge Frau, Adelina White. Beide sind verheiratet, beide verlieben sich, zaghaft und doch voller Urvertrauen. Sie reden, sie machen Spaziergänge. Drei Tage nur dauert die gemeinsame Fahrt, und doch kommen sie einander so nahe, wie andere während eines ganzen Lebens nicht. Sie müssen sich ihre Liebe nicht eingestehen, sie lieben sich einfach. Und sie werden sich nicht wiedersehen. Adelina leidet an Schwindsucht und wird sterben. Herman Melville kehrt nach Amerika zurück und schreibt seinen großen Roman »Moby Dick«, den er ihr zusendet. Doch er wird nie erfahren, ob sie ihn je gelesen hat. Melville wird vierzig Jahre weiterleben und noch auf dem Sterbebett fragen, ob denn nicht Post aus England gekommen sei.

Autor

Jean Giono (1895–1970) zählt zu den bedeutendsten Schriftstellern Frankreichs. Der überzeugte Pazifist übte harsche Kritik an der Zivilisation des 20. Jahrhunderts. Giono lebte völlig zurückgezogen in der Provence, er veröffentlichte zahlreiche Romane, Gedichte und Theaterstücke. Das Werk des »Homers der Provence« ist gekennzeichnet von einer urwüchsigen Bejahung des Lebens und seiner pazifistischen Grundhaltung. In den dreißiger Jahren übertrug er Melvilles »Moby Dick« ins Französische und verfaßte anschließend »Melville zum Gruß«.

Jean Giono bei btb

Bleibe, meine Freude. Roman (72289)
Die große Meeresstille. Roman (72288)
Jean der Träumer. Roman (72287)

Jean Giono

Melville zum Gruß

Roman

btb

Aus dem Französischen übersetzt von Walter Gerull-Kardas.

Mit einem Essay von Walter Redfern.
(Aus dem Englischen übertragen von Irmengard Gabler)

Umwelthinweis:
Alle bedruckten Materialien dieses Taschenbuches
sind chlorfrei und umweltschonend.

btb Taschenbücher erscheinen im Goldmann Verlag,
einem Unternehmen der Verlagsgruppe Random House GmbH.

Genehmigte Taschenbuchausgabe Februar 2002

Umschlaggestaltung: Design Team München
Umschlagfoto: Dante Gabriel Rossetti
Satz: IBV Satz- und Datentechnik GmbH, Berlin
KR · Herstellung: Augustin Wiesbeck
Made in Germany
ISBN 3-442-72614-X
www.btb-verlag.de

Melville zum Gruß

Die Übersetzung des Buches *Moby Dick* von Herman Melville wurde am 16. November 1936 begonnen und am 10. Dezember 1939 abgeschlossen. Doch schon lange – fünf oder sechs Jahre wenigstens –, ehe ich damit begann, war dieses Buch mein seltsamer Gefährte, der mich regelmäßig auf meinen Spaziergängen quer über die Hügel begleitete. Oft genügte es schon, daß ich, umgeben von der weiten, wie das Meer gewellten, aber reglosen Einsamkeit, mit dem Rücken an einem Pinienstamm lehnte, das Buch aus meiner Tasche zog, und sogleich verspürte ich unter mir und um mich her das Anschwellen des vielfältigen Lebens der Meere. Wie oft habe ich es nicht in den Tauen über meinem Kopfe pfeifen hören und gefühlt, daß der Boden unter meinen Füßen schwankte wie die Planken eines Walfischfängers und daß der Pinienstamm hinter meinem Rücken wie ein Mast unter schweren Segeln knarrte und bebte.

Oft, wenn ich die Blicke vom Buche hob, vermeinte ich, dort vor mir, jenseits des gischtigen Laubwerks der Oliven, von der Brandung der großen Eichen her, das Schnaufen Moby Dicks zu hören. Doch zu der Stunde, in welcher der Abend die Weite unseres inneren Seins vertieft, wurde diese Verfolgung, in die Melville mich fortriß, zugleich allgemeiner und persönlicher. Der erträumte Strahl, der inmitten der Hügel emporschoß, er konnte versiegen, die unwirklichen Meereswellen, sie konnten verebben und mich auf meinem trocknen Hügel zurücklassen ... Selbst im tiefsten Frieden – und wieviel mehr inmitten des Krieges – gibt es fürchterliche Kämpfe, in denen man allein steht, für deren lautes Getümmel die übrige Welt taub ist. Man braucht keine wirklichen Ozeane noch allgemein gefürchtete Ungeheuer. Man hat seine eigenen Ozeane und seine besonderen Ungeheuer. Grauenhafte innere Wunden werden die Menschen in alle Ewigkeit gegen die Götter aufbegehren lassen, und des Menschenjagd nach göttlichem Ruhm bedarf immer, was man auch sagen mag, bewaffneter Hände. Als mich die Einsamkeit des Abends überkam, begriff ich sie besser, die Seele dieses königlichen Helden, der das ganze Buch beherrscht. Auf meinem Heimwege war er an meiner Seite; um ihn einzuholen, brauchte ich nur einige Schritte zu tun, und kaum war die nächtliche Finsternis dem Abgrunde entstiegen, da wurde ich er selbst, so als hätte ich einen längeren Schritt getan und ihn erreicht, ja, als sei ich in seine Haut geschlüpft, um seine Gestalt anzunehmen; sein Herz an der Stelle des meinen tragend, schleppte auch ich die Last meiner Wunden schwer über das Kielwasser eines gewaltigen Ungeheuers. Immer sehnt sich der Mensch nach gigantischen Dingen; sein Leben hat nur dann Wert, wenn er es vollkommen zur Verfolgung dieses Zieles einsetzen kann. Oft braucht er weder Ausrüstung noch Vorbereitung; er scheint wunschlos still in seine Gartenarbeit vertieft, doch seit langem schon hat er sich innerlich für die gefährliche Seefahrt gerüstet. Niemand weiß, daß er fort ist, denn er scheint da zu sein, und doch geistert er auf fernen, gemiedenen Meeren umher. Dieser Blick seiner Augen, den ihr eben gesehen habt und der das Stoffliche der Dinge durchdrang, ohne zu haften – er hatte nichts mit dieser Welt gemein, denn es war der Blick einer Schiffswache in hohem Mastkorb, geschaffen, um unsagbare Weiten zu durchforschen. Dies ist das Geheimnis mancher Existenzen, die uns zuweilen vertraut zu sein scheinen; oft ist es das Geheimnis unseres eigenen Lebens. Die Welt gewahrt manchmal nichts weiter davon als das Ende, das grauenhafte Weiß eines rätselhaften Schiffbruchs, der den Himmel plötzlich mit Schaumspritzern übersät. Doch selbst in den meisten dieser Fälle geschieht das alles in so weiten Räumen und durch so gewaltige Ungeheuer, daß weder eine Spur noch ein Überlebender zurückbleiben, »und wie vor fünftausend Jahren rollt das große Leichentuch des Meeres auf und ab«.

Es wurde mir nicht schwer, Lucien Jacques an meiner Leidenschaft für *Moby Dick* teilhaben zu lassen. Einige Abende, die wir, unsere Pfeifen rauchend, an meinem Kaminfeuer verbrachten und an denen ich ihm linkisch, aber begeistert einzelne Abschnitte übersetzte, genügten, um ihn zu gewinnen. Von nun an gehörte Moby Dick unseren gemeinsamen Träumen, und jetzt war es nicht mehr weit bis zu dem Wunsche, ihn den Träumen anderer zu schenken. Als wir erkannten, daß Melville selbst uns die Richtlinien für unsere Arbeit vermittelte, wurde die Verwirklichung beschlossen. Er sagt: »Es gibt Aufgaben, für die eine gewollte Unordnung ...« , was gleichzeitig mit unserer beider Wesensart und mit dem Stoff dieses Buches so genau übereinstimmte, daß uns alles im vorhinein beschlossen schien und daß wir uns also nur treiben zu lassen brauchten. Wir ließen uns also treiben. Mehrfach heißt es in diesem Buche – und es kann wundervoller niemals gesagt werden – : »Wenn die Harpune den Wal getroffen hat, muß man ihr folgen, wenn der Wal taucht, muß man warten, bis er wieder zum Vorschein kommt, und ihn dann wieder angreifen.« So geschah es. Melvilles Werk ist gleichzeitig ein Sturzbach, ein

Gebirge und ein Meer, und wenn er nicht nachdrücklich bewiesen hätte, daß man die Struktur des Walfisches sehr wohl erforschen kann, möchte ich sagen, ein Wal. Jedoch dieses Werk mit all seinem Geheimnis, es rollt dahin; es steigt an und fällt ab wie das Gebirge, wie der Sturzbach und das Meer. Er reißt uns fort und schlägt über uns zusammen. In glasig-grünen Meerestiefen, in denen sich der Leser nur noch träge gleitend wie eine Alge bewegen kann, führt ihn dieses Werk in das Reich der Bilder; oder aber es umgibt ihn mit Luftspiegelungen und dem Echo einsamer Gipfel, deren Luft für den Atem zu dünn ist. Immer schenkt es den Genuß einer Schönheit, die keine Erforschung duldet, aber leidenschaftlich erschüttert.

Wir haben es uns in den Kopf gesetzt zu versuchen, seine Tiefen, Schlünde und Abgründe, seine Gipfel, das Geröll, die Wälder, die dunklen Täler, die Steilhänge und die zähe Masse, die alles verbindet, zu zeigen.

Als Melville 1849 von einem kurzen Aufenthalt in England nach Amerika zurückkehrte, brachte er seltsames Gepäck mit. Es war ein einbalsamierter Kopf, doch es war der seine. Er war mit den Kannibaleninseln vertraut, und der Handel mit einem Kopf, der von seinem rechtmäßigen, durch Vererbung an ihn gelangten Besitzer getrennt war, hatte für ihn weder etwas Erstaunliches noch Erschrekkendes. Diesmal jedoch war es sein eigener Kopf, und es war wirklich der Inhalt dieser langen Tage und Nächte, seinen Kopf auf diese Weise von seinem derben Matrosenkörper getrennt, voll zarten Balsams und lieblicher duftend zu wissen als ein Maimorgen auf dem Meere, ein Maimorgen in den Hügeln, ein Maimorgen irgendwo, kurz: von einem unbestimmbaren ewigen Duft umgeben. Er war einzig und allein nach England gereist, um seine Verleger zu besuchen. Zu dieser Zeit hatte er eigentlich schon alle seine Bücher geschrieben; wenigstens seiner Meinung nach hatte er sie alle geschrieben. Er fühlte sich von ihnen befreit.

Er war ein Mann von einem Meter dreiundachtzig Größe und einer Schulterbreite von siebenundsechzig Zentimetern. Sein Gesicht war länglich, doch nicht mager, mit seinen kräftigen Wangen und einer sanften Verjüngung nach dem Munde war es das eines windumwehten Mannes. Er war nicht fett, doch auch nicht mager. Braune Haare, von breiten lichteren Wellen durchzogen, bedeckten seinen Kopf und reichten bis tief in seinen Nacken hinein; mit den fünf Fingern als Kamm waren sie leicht zu bändigen, allerdings mit Ausnahme zweier widerspenstiger rabenschwarzer Strähnen, die an den Schläfen kräftig und starr wie Flügelspitzen aufwärts strebten. Zwischen den beiden Flügeln wölbte sich seine glatte Stirn, sie war seidenweich und rund wie der Leib eines jungen Mädchens. Darunter träumten, ein wenig fragend, im Schutze kräftiger Bögen und dichter Brauen, seine graublauen Augen, die sich zuweilen, einer Eingebung seines Herzens folgend, mit einem vollkommen klaren, azurblauen, beinahe durchsichtigen Leuchten füllten, das an den durchsonnten Himmel eines Augusttages erinnerte. Eine gerade, sehr kräftige, gut geformte Nase mit weit geöffneten Flügeln, ein brauner Schnurrbart und, in dem drei Zentimeter unter dem Kinn viereckig gestutzten

Barte, ein Stückchen der rosa Lippen! So sah er aus! Außerdem: genau dreißig Jahre alt, 1819 geboren, in dem Jahre, in dem Kingsley, Lowell, Ruskin, Whitman und die Königin Victoria das Licht der Welt erblickten. Ein gutes Jahr. Alle seine Vorfahren waren schottischer Abstammung, er konnte sie bis auf Richard de Melville, der sich im dreizehnten Jahrhundert mit Eduard I. verbündete, zurückführen. Oh, sein Vater Allan Melville war allerdings ein Kaufmann; ohne Schaden zu leiden, stammt man nicht aus dem dreizehnten Jahrhundert, und es wäre sogar eintönig, durch die Jahrhunderte hindurch mit Königen versippt zu sein. Allan war übrigens unter den Kaufleuten beinahe ein Edelmann, wenn man so sagen darf, er war ein Importkaufmann, den sein Geschäft zu Reisen nach Europa veranlaßte. Zwar war er wohl nicht mehr mit numerierten Königen verschwägert, doch er war es immer noch mit irgendwelchen Speckkönigen, oder aber er zog zum Kriege gegen diese Handelskönige aus und schlug sie, das Gesetzbuch, die Waage und Tonnageziffern in der Faust.

1814 nahm also dieser Vater, vielmehr um es zu werden, nahm dieser Allan Melville Maria Gausewort zur Frau. Arme gute Mutter! Wie muß Melville sich mühen, die süßen Balsamdüfte aus seinem Kopfe zu vertreiben, um jetzt an sie denken zu können! Auch der lieblichste Maienmonat hat wohl für die arme Maria, wo sie auch sein mochte, kaum irgendeinen Duft gehabt. Sie war frostig, mager, kleinlich, trocken, pedantisch, hochmütig und linkisch, und alle diese Eigenschaften waren in einem durchaus einmaligen Musterexemplar vereinigt, wenn man es nach der Gesamtvollkommenheit dieser Wesenszüge des Gemütes und des Körpers beurteilt, welch letzterer in strenges und wohlfeiles Barchent gekleidet und mit Fischbein gepanzert zur Mistreß Melville geworden war. Von diesem Fischbein der weiblichen Kleidung, von dem ihr Sohn später mit so viel keuschem Humor sprechen sollte, machte sie einen unmäßigen Gebrauch. Gott hätte wohl gewollt, daß sie ihren Körper in einen verführerischen Stoff hülle, doch schon in ihrer, man kann nicht gut sagen: zartesten, Kindheit hatte sie aus ihrer Bibel alle Liebesgedichte herausgerissen, und als sie schon mehrfache Mutter war, errötete sie noch, wenn sie nur die Namen Ruth, Esther, Judith und all dieser Frauen las, die schließlich und endlich die verabscheuungswürdigen Organe des Weibes der Ehre des Herrn dienstbar gemacht hatten. Sie fand nur Frieden, wenn sie im Vierten Buche Moses las, in welchem die Hauptgesetzgebung andauernd von zusätzlichen Gesetzen befestigt wird; sie liebte die Stellen, in denen vom Bau des Tempels gesprochen wird, sowie von Reichtümern, die zur Schaffung der Bundeslade dienen sollten. Sie hatte acht Kinder wie aus einem Bestellbuch in Auftrag bekommen, und sie war jedesmal tief beschämt über den schmerzhaften und unerbittlichen Frühling, der ihren Leib schwellte; doch hing erst der Säugling an ihrer Brust wie das Komma eines Dezimalbruchs an einer Zahl, so wurde sie mit stürmischer Freude sofort wieder zur eisigen Gebieterin der Melvilleschen Wirtschaft. Herman, das dritte der acht Kinder, bekam den Vornamen des Vaters seiner Mutter. Von dem einzigartigen Genuß, den Kinder beim Kneten der Mutterbrust empfinden, hatte Herman nur eine widerwillige unangenehme Erinnerung zurückbehalten, so als habe er die Brust einer hoch zu Roß sitzenden Kriegerin Ariosts durch die Gelenke des Panzers hindurch gereicht bekommen. Übrigens hatte er die Milch immer dort zu sich genommen, wo sie floß, doch selbst damals wäre ein Tropfen zwischen dem Stahl immerhin ein Tropfen gewesen. Von seiner frühesten Kindheit an hatten die Schiffe und das Meer immer etwas sehr Verführerisches für ihn gehabt, ebenso wie das stürmische Brausen, das uns aus dem mächtigen Chaos entgegenweht. Mit kaum zehn Jahren schrieb er aus New York an seinen Vater in sein wohlgeordnetes Elternhaus:

»An diesem Winternachmittag wurde ich bis zum Ende des Hafendamms geführt, der am weitesten in das Meer hinausreicht; dort gab es riesengroße Wogen, die höher waren als Gebirge. Überall schlugen die Masten der Schiffe wie Peitschen auf das Meer, und man erzählte mir, daß sie auf der ganzen weiten Welt ebenso das Wasser peitschen: bei Le Havre und Liverpool, ja, bis in den Hafen von London hinein.«

Seine Kindheit war durchaus normal, doch sein Vater meinte: »Er ist mit dem Sprechen sehr im Rückstand, und es scheint, daß er etwas langsam begreift.« Das bezog sich auf die Zahlen. Herr West, sein Lehrer am Gymnasium, sagte: »Ich erinnere mich seiner sehr gut, er war mein liebster Schüler. In der Mathematik war er eine vollkommene Null, doch er war sehr tüchtig in Aufsätzen und Stilübungen. Und obgleich die große Mehrzahl der Schüler es im allgemeinen als lästige Aufgabe betrachtet und trotz der Strafen sich darum zu drücken versucht, liebte er es, etwas zu erfinden und niederzuschreiben.« Zu der Zeit, da West das von ihm sagte, hatte Herman, der 1891 gestorben war, schon Erde in seinem Schädel.

Doch noch ist er mit balsamischen Düften angefüllt, und der Mai leuchtet in seinen Augen. Seine Erinnerungen sind wie Könige: Inseln, von einer dunstigen Sonne gekrönt, die glatte Stille des Meeres, von Korallenriffen gekrönt, und die Taifune, deren ungeheure wandernde Kronen im Hereinbrechen der Monsune rollen wie die Kronen der Könige Shakespeares. Der Balsam jedoch stammt von einer einfachen Hagedornkrone; sie wird ihm eines

Tages aufgesetzt und drückt sich in seine Stirn bis zu den widerspenstigen schwarzen Haarbüscheln an seinen Schläfen. Als er sie zurückschiebt, verletzt er sich die Stirn mit einem kleinen roten Dorn. Er betrachtet sich im Spiegel. Jetzt ist keine Spur mehr auf seiner Stirn, doch wenn er die Stelle mit seinem Finger berührt, so scheint sie noch feucht und weich wie Honigkuchen.

Beim Tode seines Vaters mußte er die Schule verlassen. Maria rieb sich ihre Witwenhände; was sollte man mit einem fünfzehnjährigen Jungen beim Aufbau eines Tempels anfangen? In diesem Alter kann man immer noch einen Bankangestellten aus ihm machen. Er tritt bei der New-York-State-Bank ein, dort ist sein Onkel Direktor. Doch als man ihn zur Spitze der Mole in New York brachte, hatte man ihm verschwiegen, daß das Herz eines schwärmerischen Kindes mehr peitschende Masten und mehr geschwellte Segel zu fassen vermag als alle Häfen der ganzen Welt. Da steht er nun, in diesen Mauern, und er ist jetzt ganz verwirrt durch seine Traumgeschwader. Sein Kielwasser riecht nach Teer, nach Hanf, nach nassem Tannenholz, nach Jod, nach Meeresfrüchten und nach Miesmuschelragout. Das ist unhaltbar. Er hält es auch nicht aus. Ein Jahr später ist er schon fort. Er hilft angeblich seinem Bruder, in Wirklichkeit aber liest und studiert er. Er bringt seine Flotte aufs Meer.

Nichts hindert ihn, die Horizonte ständig weiter auszudehnen. Der Kreis der sichtbaren Dinge entspricht unserem Schritt, somit unseren Kräften. Noch ein Jahr vergeht, und schon ist er auf dem Bauernhofe seines Onkels in Pittsfield im Staate Massachusetts. Ohne daß er es weiß, flüchtet er unter dem Winde vor einem ihn verfolgenden Orkan; er entfernt sich von der klippenreichen Maria, und sein Instinkt sagt ihm, daß er auf dem offenen Meere sicherer kreuzt. Ein friedlicher Moment in den Feldern. Er schreibt an seine Mutter, er sei der einzige, der es wage, sich dem Stier zu nähern. Er schreibt seinem Bruder: »Von all den herrlichen Plänen, die ich für mein Leben schmiedete, bleibt nichts übrig. Ich wünschte einer schweren Gefahr gegenüberzustehen, um endlich aufzuhören, an mir selbst zu zweifeln.« Nie war der Frühling so schön in den Obstgärten von Pittsfield; die Gewalt des Blühens verblüfft die Bauern. Es liegt eine solche Blütendecke auf den Bäumen, daß sie darunter ächzen wie unter einer drückenden Schneelast. Eine ungewöhnlich durchsichtige Lasur überzieht das tiefste Dunkel der Nacht mit einem grünlichen Schimmer, und die Sterne sind der Erde so nahe, daß man vermeint, ihr dumpfes Brausen zu hören. Der Wind bläst nicht, sondern wandert über das Land. Eine erstaunliche Fruchtbarkeit vermehrt das Getier in den Nestern, auf den Strohlagern, in den Ställen, in den Hürden, in den Schweine- und Kaninchenställen. Die diesjährige Tierherde bebt wie eine riesige Fettmasse über den ganzen Vereinigten Staaten. Von jenseits der Vorstädte bis zur Stadt New York hinein gibt es keinen, der ihr Werden in diesem ungeheuren Überfluß nicht miterlebt hätte. Das Getöse der Omnibusse, der Fähren, der Droschken und der Treibriemen erstickt im wachsenden Lärm des Blökens, Brüllens und Kläffens, des Schwellens der Knospen und im Geschnatter der Gänse. Maria schreibt an den Bauer: »Es bereitet sich ein sehr üppiges Jahr vor. Ich möchte, daß du Herman begreiflich machst, was der Handel bedeutet. Ich habe meinen Bruder überredet. Sage Herman, er bekommt von ihm die vierzehn Apfelbäume, die hinter den Ställen in dem großen viereckigen Obstgarten stehen. Wohlverstanden bekommt er weder den Boden noch die Bäume geschenkt, sondern nur die Früchte. Sage Herman, er solle die Zipfel pflücken und sie verkaufen. Er möchte mir den Preis, den er dafür bekommt, mitteilen. Bis dahin, bis sie geerntet werden, beauftrage ich dich, ihm ein Gänsepaar vor der Brutzeit auszuhändigen. Auch darüber muß er abrechnen, doch über die Brut kann er verfügen, wie er will. Mag er sie ebenfalls auf seine Rechnung verkaufen. Wir werden ja sehen, was er dafür bekommen wird. Ferner soll er die Mast eines Schweines übernehmen.« Doch der erstaunte Bauer antwortet, er vermute Herman in

New York und wohlauf. Er sei am 3. März, als noch Schnee lag, abgereist. Maria braucht eine lange Zeit, um zu verstehen, zu wissen, gelten zu lassen und um schließlich gewiß zu sein, daß er sich auf der »Highlander«, einem Handelsschiff, das nach Liverpool segelt, befindet. Er hat sich als einfacher Matrose anheuern lassen. Aufgrund dieser Reise schreibt er später das Buch: *Redburn oder Geständnisse und Erinnerungen eines Matrosen aus guter Familie.*

Doch wie jedermann ist er nicht nur aus sich selbst gemacht. Das, was er während dieser Reise gesehen hat, ist übrigens nur das, was man bei einer gewöhnlichen Seereise sieht; in seinen Träumen hat er seit langem viel erregendere Kreuzfahrten überstanden. Er wünschte, daß die Wirklichkeit sie erreichte; er wünschte sogar, daß die Wirklichkeit sie überträfe. Maria dachte: »Sieh mal an, er ist trotz allem meines Blutes.« Ja wirklich, er ist auch ihres Blutes, wenigstens bedarf es noch einiger Zeit, bis er sich ein »Blut Melville« schafft, das vollkommen verschieden ist von dem Allans und Marias. Er kehrt an Land zurück, schüttelt sich das Wasser ab, betrachtet das Meer, kehrt ihm den Rücken, betrachtet es noch einmal und lenkt schließlich seine großen langsamen Schritte den Feldern zu. Jetzt handelt es sich hauptsächlich darum, nicht mehr nach Hause zurückzukehren. Er wird Schulmeister in Ost-Albany, er hat sieben Dollar in der Woche und freie Unterkunft, eine Unterkunft, die aus einer kleinen Zelle besteht, in der er aber alle Bücher liest, die vom Meere erzählen und deren er habhaft werden kann. In einem kurzen bewegten Zeitraum von drei Jahren schifft er zahlreiche Schiffsbesatzungen ein und aus, er heuert Kapitäne an und verabschiedet sie, er überprüft den Kiel seines Schiffes, kalfatert ihn, füllt seinen Schiffsraum, sticht in See, läßt die guten Gelegenheiten vorübergehen, bedauert sie, lauert ihnen auf, verfehlt sie, nimmt den falschen Kurs, geht wieder vor Anker, nutzt Taue und Segel im Hafen ab, schläft auf flachem Wasser und leidet sehr, weil er während seiner langen und nutzlosen Tage hört, wie der Bug seines Schiffes, den er kühn und ruhmreich wissen will, mit der Nase gegen den Kai des Docks stößt. Wenn er das Blut, das er gut kennt, das Blut seiner Mutter, zu sehr in seinen Adern pochen fühlt, treibt er sich mit den kleinen Dienstmädchen der Gegend plündernd in den Obstgärten in der Nähe der Schule umher, oder aber er setzt sich an ein Fenster und durchlöchert mit Hilfe eines Blasrohres und einer Handvoll Erbsen die Zylinderhüte der vorübergehenden Herren. Doch wie sich selbst entfliehen? Was tun, wenn Melville sich regt, der Melville, der ihm das Spiel oder den Rockzipfel aus der Hand nimmt und leise seine Lebenspläne auf dem Tische ausbreitet? Sie liegen alle bereit; alle schmückt der Stern der Windrose. Die ungeheure Mähne der Meeresströmungen gleitet durch atemberaubende Weiten; wie schön wäre es, dort zu sein; doch mit Traurigkeit erfüllt, verweilt er vor den Karten, auf denen sein Weg verzeichnet ist, wie vor einer Medusa. Ach, wenn Maria wüßte, daß es ihr Blut ist, das schließlich alles entscheiden wird! Nun ja, sie wäre zweifellos froh. Man kennt sie schlecht. Glaubt ihr, die Unentschiedenheit, in der sie ihn ahnt, befriedige sie? Sie ist auch fähig, sich für unwirkliche Stoffe zu interessieren. Wenn sie des Abends unter der Lampe sitzt, die aufgeschlagene Bibel auf dem Tisch, dann zeigt es sich, daß das große Gebäude, das aus dem Buche aufsteigt wie Rauch, nicht nur aus Zedernholzbalken und gehämmerten Goldplatten besteht, sondern daß der festeste Mörtel, welcher der Trösterin Kirche Dauer verleiht, aus Engelsschwingen und Glauben besteht. Sie weiß, daß man selbst aus bewegten Wassern einen Tempel bauen kann. Die Hauptsache ist: bauen. Und es ist vielleicht Marias Milch, der hoch zu Roß sitzenden Kriegerin Ariosts, die Herman dieses Mal die Kraft gibt, den großen Meeresstraßen entgegenzuziehen.

Mitte Dezember 1840 langt er in Bedford an und geht zum Hafenkai. Er besichtigt alle Walfänger, die mit ihren Mäulern gegen die Krippen stoßen. Wo ist nun das Schwein, das er mästen sollte, und dieser Gelegenheitshandel mit Äpfeln und die Bank und die Schule und Betty und Maria und ganz Amerika?

Er befindet sich an der Spitze der Halbinsel, schon viel weiter draußen im Meer als damals auf der Mole im Hafen von New York, und ganz Amerika haftet nur noch an seinen Sohlen, wie ein grüner Fetzen an den Sporen eines Reiters hängt, der eben im Begriff ist, sich in den Sattel zu schwingen.

Nun, mein Herr, wozu entschließen Sie sich? Wünschen Sie einen Ackergaul oder ein Rennpferd? Wollen Sie Ihre Träume aussäen, oder brauchen Sie ein Pferd, das imstande ist, mit Ihren Illusionen Polo zu spielen? Suchen Sie einen »cob« oder ein »coble«? Ja, mein Herr, wir haben ungefähr das gleiche Wort, um das Pferd für das Polospiel und das Schiff für den Walfang zu bezeichnen. Sie sehen nicht aus wie ein Mann, der den Acker bestellt, nein. Wenn ich das zu Ihnen sage, so ist das wegen Ihrer Beine; sie sind zu schade, um damit einen Ackergaul zu besteigen und im Schritt den Hin- und Rückweg vom Feld zum »Sweet Home« zu machen. Mir scheint, Sie haben andere Reisen im Sinne. Sie haben recht getan, sich hierher zu wenden. Wer hat Ihnen unser Haus genannt? Niemand? Also ist es Ihr Instinkt für Abenteuer. Wir haben bereits Sir Henry Dana bedient. Er verdankt es uns, daß er sein berühmtes Buch *Two Years before the Mast* schreiben konnte. Sie kennen es? Oh, Verzeihung, dann sind Sie also hier zu Hause, mein Herr; seine Freunde sind unsere Freunde. Ein berühmter Abenteurer! Er hat uns viele Kunden verschafft. Ich habe übrigens sofort gesehen, daß Sie nicht nur wegen eines Ackergauls gekommen sind. Woran ich es gesehen habe? An Ihren Augen. Was damit ist? Ja, mein Herr, sie verraten den Wunsch, Polo zu spielen. Das ist ganz einfach eine berufsmäßige Feststellung. Ja, mein Herr, Sie haben diesen Scharfblick für die Ferne, der nicht täuscht. Ich freue mich, es so ausdrücken zu können; es stammt von mir. Ja, es gibt Leute, die haben einen Scharfblick für die Dinge der Erde. Nehmen Sie zum Beispiel jemand, der einen Dollar ansieht ... Ich zum Beispiel verfüge über einen scharfen Blick, der vollkommen erdgebunden ist; ich kann es einem Dollar sehr wohl ansehen, ich erkenne es sofort, woher er kommt, wo er ist und wohin er gehen wird. Doch es gibt andere – und zu denen gehören Sie, widersprechen Sie nicht –, die haben einen Scharfblick für Dinge, die gar nicht da sind, im Himmel, im Meer, in der Weite, eben dort, wo ich nichts sehe. Sie gehören zu diesen, und wenn Sie auch beim Namen Ihrer Mutter das Gegenteil beschwören, Sie sind einer von diesen! Sie sind ein Polospieler, und ich habe für Sie genau das, was Sie brauchen.

Nehmen Sie die »Acushnet«, einen Walfänger von 359 Tonnen; sie ist drauf und dran, von Fairhaven, einem kleinen Walfängerhafen im Fluß – einen Katzensprung von hier –, in See zu stechen. Noch ein Wort, mein Herr; es handelt sich noch immer um

Ihre Augen. Das Spiel ist ein einfaches Spiel zwischen Männern. Weshalb ich Ihnen das sage? Weil Ihre Augen auf einen Punkt gerichtet sind, der ein wenig hinter dem liegt, an dem der Ball normalerweise aufschlagen würde. Nur ein ganz klein wenig, mein Herr, ich glaube, nur einige Millimeter. Sie, Sie machen den Eindruck, in verdammt ausgedehnten Weiten zu Hause zu sein. Es ist nur eine einfache Kugel, mein Herr, und kein Meeresvogel. Jedenfalls scheint es mir so. Doch Sie wissen es besser als ich; ich bitte um Verzeihung.

Ja, der Händler in seiner Brust hat recht. Doch er ist zu höflich. Herman blickt nicht nur einige Millimeter zu weit, sondern einige Seemeilen. Niemals könnte er sich mit den übrigen Spielern verständigen, denn er spielt ein Spiel, welches das Maß der menschlichen Kräfte übersteigt. Für den Augenblick lassen sich allerdings keine Schlüsse daraus ziehen. Denn welcher Jüngling in seinem Alter spielt wohl ein maßvolles Spiel?

In der Mannschaftsliste der »Acushnet« steht er zwischen zweiundzwanzig Amerikanern, drei Portugiesen und einem Engländer als aus New York gebürtig, einundzwanzigjährig und in Fairhaven wohnhaft (was nicht stimmt und dazu dient, um zu verwirren), einen Meter dreiundachtzig groß, mit bronzefarbener Haut und kastanienbraunem Haar verzeichnet. Valentine Pease, die Tochter des Kapitäns, hat die Liste aufgestellt. Sie muß wohl am Tisch gesessen haben, und ihr Vater diktierte die Personenbeschreibung, während der Matrose angeheuert wurde. Doch Valentine versteht es, die Blicke vom Papier zu heben und einen Jungen auf ihre Weise anzusehen; sie hat an den Rand neben Hermans Namen »Squaller« geschrieben. Aber, Miß Valentine, »Krakeeler« – woran haben Sie das bemerkt? Er hat nichts gesagt; er hat nichts weiter geäußert als seine bestimmte Absicht, mit Ihrem Vater auf der »Acushnet« in See zu stechen. Ich versichere Ihnen, er hat weiter kein Wort gesprochen. Und neben dessen Namen schreiben Sie »Squaller«? Nur neben den seinen? Wo es doch drei Portugiesen, einen Engländer und darüber hinaus zweiundzwanzig Amerikaner gibt, über die nichts zu bemerken sehr erstaunlich wäre. Was denn, nur neben den seinen? Ich denke mir, das ist wieder ein böser Streich, den ihm seine Augen gespielt haben. Sie wollen damit sagen, er sei schwer zu leiten! Ja, gewiß, da Sie ihn wohl genauer betrachtet haben als die anderen. Miß, wie wollen Sie erwarten, daß dieser junge Mann das Allerwelts-Polospiel auf gewöhnlichem Rasen spielt? Soll ich es Ihnen sagen, Miß? Sie dachten nicht an Herman, als Sie hinschrieben »Krakeeler«. Ihnen gegenüber gab es, außer allem Übrigen, nur zwei Augen, die durch Sie hindurchblickten. Sie haben es aber trotz allem sehr gerne, daß man Sie anblickt, und Sie wissen immer genau, daß der Blick der jungen Männer Sie treffen wird, so wie Sie da sind, einfache Substanz, aber rosenfarben unter schwarzseidener Haube, unter der die goldblonden Haare hervorsehen. Nein, Miß, Sie haben an den Kapitän gedacht. Und das ist wirklich etwas anderes. Sagen Sie mir, Miß, hat er Sie jemals während eines Sturmes an einen Mast gefesselt? Hat er Sie jemals ausgepeitscht? Ich meine mit einem Seising auf die nackte Haut? Hat er Sie jemals mit gefesselten Füßen und Händen und mit ganz wenig Trinkwasser in einen Winkel des Schiffsraumes gestoßen? Nein? Ja, aber er tut es! Und Sie wissen es. Reden wir nicht davon, daß er schlechte Kommandos gibt. Er gehört zu jenen, von denen man sich schon beleidigt fühlt, wenn man sie nur sagen hört »ja« oder »zu Ihren Diensten«. Achtzig Kilo mürrisches Fleisch und zwanzig Kilo Muskeln. Ja, Miß, Sie haben recht, die beiden werden sich schlecht vertragen, und Sie haben es sofort gesehen. Doch Sie leben in der Welt der Kapitänstöchter, und obgleich der Junge mit seinen breiten Schultern und seinen wilden Dichteraugen einen gutmütigen Eindruck macht, erklären Sie gerade ihn für schuldig. Das geschieht Ihnen recht, Miß Valentine; er wäre leicht zu nehmen gewesen, und wenn Sie es gewollt hätten, so hätte er, kaum unter Ihrer Hand, die Sanftmut eines Sperlings gehabt. Wenn die jungen Männer ins Weite ziehen, wie er es jetzt tut, so geschieht das deshalb, weil kein schönes Mädchen bei ihnen ist, das sie fesselt. Um so schlimmer. Wie Sie es selbst unten in der Liste vermerken, verließ die »Acushnet« Fairhaven am 3. Januar 1841, mit Kurs auf den Pazifik. Er ist mit dem Kapitän gefahren, nicht mit Ihnen. Da sieht man, was dabei herauskommt, wenn ein junges Mädchen glaubt, daß die Seefahrt gleichbedeutend ist mit der harten Tradition der Bligh. Mich, der ich jetzt Hermans Geschichte aufschreibe, haben Sie um eine Liebesszene gebracht. Sie sind das erste hübsche Mädchen, dem er begegnet; Sie gefielen mir. Das nehme ich Ihnen übel. Er ist also mit dem Kapitän losgefahren, und mit ihm durchpflügt er, ohne einen Hafen anzulaufen, fünfzehn Monate lang mühsam die endlosen Felder der Südsee. Nun bist du mit Salzwasser versehen, mein Junge! Wenn du das wolltest, da hast du es; nun mußt du doch zufrieden sein! Er ist zufrieden. Er läßt später seinen Helden sagen: »Ich sehe nichts Besonderes, nichts als Wasser in einem weiten Raume. Und Peleg wird antworten: »Also, was denkst du nun über deinen Einfall, die Welt zu sehen? Willst du immer noch auf die andere Seite des Kap Horn, um nichts weiter zu sehen als das? Die ganze Welt ist da, wo du bist, es gibt nichts anderes.« Ja, es gibt wirklich nichts anderes als das, was man darin sieht, und dann das, was sie uns gibt. Die Gefühle der Freundschaft und Liebe kennen kein Maß.

Man kann gewaltige Dinge lieben wie die Gebirge oder das Meer, und zwar mit derselben Liebe, mit der man eine Frau liebt, oder mit der Freundschaft, mit der man einen Mann liebt. Und man kann von ihnen geliebt werden. Das ist unser Segen. Selbst in den finsteren Tiefen unserer Verwirrung verbleibt uns diese Gewißheit, und selbst in den Augenblicken, in denen wir nichts haben als sie, genügt diese Gewißheit, um uns das Gefühl für unsere Größe wiederzugeben. Niemand weiß es besser als Herman, und wenn die Zeit erfüllt sein und der Vergangenheit angehören wird – diese Zeit auf endlosen Wasserflächen mit unbegrenzten Horizonten –, dann wird er dieses Buch der Zuflucht schreiben, das der ganzen Welt in ihrer Verzweiflung Schutz gewähren und ihr dabei helfen wird, den Göttern zum Trotz zu beharren.

Doch noch ist die Zeit nicht erfüllt. Er schaukelt langsam auf den langen schwellenden Wogen der Südsee; hier und dort streift er ein wenig den Ozean. Er beginnt zunächst verwundert und schüchtern. Das, was ihn sogleich besticht, ist diese ungeheure Verschmelzung von List und Zauber. Wenn er in dem Augenblick in einem Spiel à la Stevenson wäre, so sähe er niemals etwas anderes als die ölige Glätte der weiten Meeresfläche. Doch die »Acushnet« ist keine Yacht, sondern ein Whaler und Kapitän Pease fängt Walfische; er fängt sie mit Ohrfeigen und Fußtritten in den Hintern. Hunderttausendmal lästert er in einer einwandfrei, mathematisch genau und ungeheuerlich sich entwickelnden Art den Namen Gottes mit immer gewaltigeren, immer neuen Flüchen. Er rollt inmitten der Matrosen wie eine Kugel im Kegelspiel. Er ist sicherlich nur geschaffen und zur Welt gekommen, um zerstörend zu wirken; er ist die Keule, der Knüppel, der Totschläger und der Abschaum Gottes. Herman magert ab und wird dünn. Nur dieser, auf jeden in Sicht kommenden Hintern lauernde, immer Tritte austeilende Fuß des Kapitäns, der stets in schwingender Bewegung ist wie die Sonnenstrahlen, hat ihn vielleicht zu treffen vermocht. Eine ganz bedeutungslose Angelegenheit, die gar nicht ihm besonders gilt. Übrigens ist Herman, was Fußtritte in den Hintern anbelangt, ein Philosoph und macht sich nichts daraus. Doch die Arbeit reibt ihn auf, schlägt auf ihn ein und gerbt ihn, und wenn er, da die Luft hier kostenlos ist, seine Lungen weitet, so verhärtet sich die Haut auf seinem Bauche wie altes Stiefelleder. Ach, wenn er zufällig Zeit hat, sich vom Kopf bis zu den Füßen zu betrachten, so findet er, daß Mister Herman von der State-Bank einige kleine Veränderungen durchgemacht hat. Als er sich das erste Mal von oben bis unten waschen konnte, fällt ihm der Schwamm aus den Händen. Nur noch zwei mächtige Schultern sind von ihm übriggeblieben; bis zu den Schlüsselbeinen hinauf sieht man, wie sich die Lungen blähen, doch seinen Leib kann er in seine beiden Hände pressen, und seine Schenkel sind an seinen Hüften befestigt wie die Glieder von Puppen, die grob zusammengesetzt sind; man meint, man sähe die Ösen und die Gummischnüre. Und wenn er erst wüßte, was alles Neues in seinen Augen ist! Man kann nicht mehr direkt hineinblicken, oder aber es geschieht auf eigene Gefahr! Arme Miß Valentine! Bitten Sie Gott, daß Sie niemals mehr dem »Squaller« begegnen, denn wenn er jetzt vor Ihnen stünde, so wäre er Ihr Herr und Meister. Sie würden verwirrt sein und ganz andere Worte stammeln. Seit den fünfzehn Monaten, die er auf dem weiten Meere ist, ringt er mit dem Engel. Er kämpft in der tiefen Nacht wie Jakob, und die Morgenröte kommt nicht. Grausam harte Flügelschläge treffen ihn, erheben ihn über die Welt, stürzen ihn hinab, ergreifen ihn von neuem und ersticken ihn. Nicht einen einzigen Augenblick hat er aufgehört, kampfbereit zu sein. Wenn er genug hat, wenn er zerschlagen ist, wenn er auf sein Lager sinkt, immer ringt er mit dem Engel; wenn er in das Walfängerboot springt, wenn er über die eisernen Wogen reitet, wenn er den widerlichen Rachen der Riesenfische des Abgrundes die Stirn bietet, ringt er zugleich mit dem Engel; wenn er die Wache im Mastkorb hat, wenn er in den Segeln und Tauen sitzt, wenn er im Öl ist, wenn er im Feuer ist, wenn er im Beinhaus der Eingeweide des Leviathan ist: Er ringt mit dem Engel. Und wenn die große bleierne Stille auf Tausenden von Meilen lastet und alle Kräfte dieser Welt ruhen und selbst Kapitän Pease sein Teil hat, so ringt er mit diesem schrecklichen Engel, der kämpfend das unergründliche Geheimnis erhellt, das die Verschmelzung der Götter und Menschen umgibt. So tief blicken seine Augen, davon sind sie voller Bilder, dort nehmen sie die Farbe des Schmerzes und der Zärtlichkeit an. Selbst völlig nackt, nur wegen der Seele, die sich in seinen Augen spiegelt, ist er reicher als alle Kaiser und alle Könige der ganzen Welt. Er war zwar schon dazu entschlossen, doch nun unterwirft er sich nie mehr den Gesetzen dieser Erde. Schließlich erreicht das Schiff die Marquesas-Inseln und nähert sich Nukahiva; es läuft in den Hafen ein. Herman entflieht sofort; er hat einen Gefährten, einen gewissen Richard T. Greene. Eines Abends gehen sie in die Kombüse hinunter und füllen ihre Taschen mit Schiffszwieback, sodann, im Dunkel, mit nackten Füßen über den Landungssteg, und sofort weiter, den glühenden Strand entlang durch die Nacht, durch eine Nacht des Südens, im grünlichen Licht der Sterne. Es handelt sich hier nicht um eine Flucht; man glaube nicht, er sei im geringsten von den Fußtritten des Kapitäns beeindruckt gewesen. Schließlich ist Pease nichts weiter als ein protestierender Herkules; genauer gesagt, er will keinem ans Leben. Er ernährt sich von Haferflocken, die nach

Rasierseife schmecken; nur wenn es um Geld geht, ist er grausam, und seine Grobheiten, die er mit unverhohlener Freude austeilt, können, weil jede den Matrosen noch feuriger an die Arbeit treibt, in Cents und Dollars ausgedrückt werden. Zehn Ohrfeigen in der Zeit, in der ein Walfisch zerteilt wird, bringen beinahe zehn Cents ein und dreißig Hiebe mit dem Lederriemen beinahe einen Dollar. Er schlägt, wie ein anderer schimpft. Daß das alles schließlich Miß Valentines Küche zugute kommt, ist eine Tatsache, die Grausamkeit der Bewohner von Nukahiva jedoch ist ganz eindeutig naschhaft. Sie schlagen nicht, sie streicheln, sie betasten, doch sie töten, und wenn das Opfer fett ist und der Duft ihnen zusagt, vertilgen sie es. Hier handelt es sich nicht darum, einem Kapitän Pease in die Hände zu fallen, der dich ohne Unterlaß im Kreise herumjagt, damit sich seine Miß Valentine Schweinsrippchen kaufen kann. Hier bist du selbst das Schweinsrippchen und die Kapitäne dieses Landes erschlagen dich ohne weiteres, damit ihre Miß Valentinen geruhsam in die Keule beißen können. Hier sind wir bei den Kannibalen. Doch die beiden Ausreißer verstecken sich in den Palmen und lassen die »Acushnet« in See stechen. Noch erwarten sie alles von dem neuen Leben, das nun beginnt.

Glückselig diejenigen, die beim wütenden Flügelschlag des Engels wandern.

Jetzt ist er berühmt. Er schrieb: *Typee, Ornoo, Redburn* und *Mardi; White Jacket* wird erscheinen. *Typee,* der Bericht seiner Abenteuer bei den Kannibalen, ist mit ungeheurem Erfolg gleichzeitig in London und New York erschienen. Stevenson sagte: »Es gibt nur zwei Schriftsteller, welche die Südsee genial geschildert haben, und das sind zwei Amerikaner: Herman Melville und Charles Warren Stoddard.« Dieses Buch der Gesetzlosigkeit ist spaßigerweise dem Untersuchungsrichter Lemuel Shaw aus Massachusetts gewidmet. Im August 1847 hat sich Herman sogar mit der Tochter dieses Lemuel Shaw verheiratet. Er macht nie eine Sache halb. Sie ist sanft, hell, unverdorben und lächelt schüchtern. Beim Spaziergang geht sie mit kleinen eiligen Schritten an der Seite des weit und ruhig schreitenden Ausreißers. Sie stützt sich auf den Arm des Ausreißers. Er hat von dem meuternden Matrosen die etwas ungenierte und verführerische Eleganz zurückbehalten; ein wenig lässig, gerade so viel, wie nötig ist für einen Raufbold, den Hut in der Hand, barhäuptig, als habe er noch nicht Zeit gefunden, ihn nach Beendigung einer seiner ewigen Raufhändel aufzusetzen, ordentlich, sauber, das gekämmte Haar kaum verwirrt, den Hals frei, geht er erhobenen Hauptes, er trägt ein recht hübsches Trikot unter seiner Jacke, aber eben ein Trikot. Er weckt das Begehren vieler der Damen, die unter den hohen Ulmen der Promenade flanieren; das geht sogar so weit, daß man dort unten auf der Straße in den Tilburys anhält und mit den Sonnenschirmen winkt, was sie beide erwidern, Mistreß Melville mit einer halben Verbeugung und er, indem er lässig den Hut hebt. Paarweise gehende Damen und Schwärme junger Mädchen nähern sich ihnen, grüßen, bleiben stehen, plaudern und schwatzen. Um Mistreß Melville und Herman bauschen sich die weiten Röcke, und von dieser Woge sich bauschender Röcke mit fortgerissen, wiegt sich Mistreß Melville an der Seite ihres Mannes wie eine kleine vertraute Welle. Diesen Augenblick hat er gewählt, um unbeweglich, schweigend und unnahbar stehen zu bleiben; nur ein kaum merkliches und sehr gütiges Lächeln reicht mit ein wenig Spott vermischt bis in seinen Bart hinab. Man beglückwünscht sich, man lächelt sich zu, man trennt sich wieder und geht weiter; er und sie nach ihrer Seite, die anderen bis zum Ende der Promenade, wo man darauf wartet, daß er sich umsieht, um nun mit der Bewegung letzter Eleganz – genannt der »Liebeskreisel« – die Krinoline zu bauschen: Bei einiger Vollendung werden dabei die kleinen Füße, die Fesseln und die gestickten Volants der langen Beinkleider genau so weit sichtbar wie erlaubt. Nun sagt er zu seiner Frau (Er hat eben *White Jacket,* ein herbes, blutrünstiges Buch beendet; ein Buch hoffnungslosen Kampfes, einen neuen Angriff auf die Gesetze und gegen die körperliche Züchtigung in der Kriegsmarine der Vereinigten Staaten.): »Es hilft nichts, meine Liebe, man wird mich nicht schätzen. Ich muß in allen diesen Dingen gegen das Interesse vieler Leute Stellung nehmen, die es mich schwer büßen lassen werden. Die Kommodore bestehen auf ihren Vorrechten, und wenn sie mich in ihre Fänge bekämen, so würden sie, glaube ich, im Handumdrehen mit mir abgerechnet haben. Doch ich spreche nur von Dingen, die ich weiß, und ich habe Kameraden, die in diesem Augenblick mit Peitschenhieben bearbeitet werden.« – »Dich hat man doch wohl nicht geschlagen, Herman?« – »Man hat mich ausgepeitscht, meine Liebe, wie die anderen; die Oberhoheit des Meeres verschont keinen. Ich lade mir gewiß alle diejenigen auf den Hals, die von Demokratie reden, ohne sie zu verstehen.« – »Wir müssen Miß Morrow grüßen«, sagt Mistreß Melville, »sie winkt uns von da drüben aus ihrem Wagen.« – »Guten Tag, Miß Gwendoline«, sagt Herman mit leiser Stimme, während er mit immer demselben lässigen Heben seines Hutes hinübergrüßt. Daß er diesmal nach London fährt, geschieht ausschließlich wegen seines Buches *White Jacket.* Das Manuskript ist fertig; er hat sich all seinen Manneszorn von der Seele geschrieben; jetzt will er es mit soviel Aufsehen wie möglich veröffentlichen. Er will treffen, er will entrüsten und zugleich heilen, selbst wenn es einen Skandal gibt, selbst wenn er umkommt und vollkommen draufgeht in dem Lärm des Skandals. Er ist ein amerikanischer Demokrat. Er ist ein Mann, der zu jener Demokratie gehört, die Whitman vom zweiten Verse seiner »Grashalme« ab besingen wird. Die Demokratie drängt die gesamte neue Welt zu ihrem ersten lyrischen Ausbruch. Der »Gesang der Freiheit für Asien, Afrika, Europa und Amerika« ist schon auf Whitmans Lippen:

> Courage yet my brother or my sister,
> Keep on! Liberty is to be subserved
> whatever occurs.

Frankreich ist soeben durch die Ereignisse von 1848 erschüttert worden. In allen Schichten des amerikanischen Volkes teilt man begeistert die Gefühle der Franzosen. Es ist eine ausschließliche und leidenschaftliche Zuneigung; überall spricht man davon und tauscht seine Meinungen aus. Alles Bisherige ist unterbrochen, alles ist nun begeistert. Mitunter wird plötzlich ein Ball beendet, die Musikanten denken nicht mehr ans Spielen, die Frauen schweigen und atmen schneller, als sie je geatmet haben, die Männer pressen ihre Füße fester in die Stiefel: »Man spricht davon!« Überall spricht man davon: in der Werkstatt, auf der Gasse, auf der Straße, auf den Feldern, in den Bauernhäusern, in den Reisewagen der

Eilpost und in den fernsten Wäldern. Während der Abendwind an ihren Mänteln zerrt, träumen einsame Reiter von einem Ritt im Galopp, umgeben von einer noch nie erlebten menschlichen Freiheit. Auf allen Seiten erheben sich Männer; ihre Zähne sind zusammengepreßt, ihre Augen trunken, ihre Herzen verschenkt. Sie halten Sensen, Zangen und Reitpeitschen in den Händen. Es sind lautere Männer. Eine Unlauterkeit würde sie sicherer töten als ein Pistolenschuß. Freiheit, diesem Worte haben sie ihr ganzes Leben verpfändet, ihre Liebe und ihr Werk. Erhabenheit strahlt aus ihren Augen und klingt in ihren Worten. Die jungen Männer vernachlässigen die Mädchen, um untereinander von Demokratie und vom Recht des einzelnen zu sprechen. Alle sind sie in Frankreich verliebt. Am Ende seines Gesanges, den er »Frankreich« betitelt, nennt Whitman Frankreich: »Meine Frau« – »I will yet sing a song for you, ma femme« –, denn Frankreich war das Land der Freiheit!

Herman kam an einem Samstagabend im Herbst in London an. Er hat der englischen Korrektheit ein Opfer gebracht, er trägt einen gutgeschnittenen Spencer, Beinkleider mit Stegen, die ein wenig in den Kniekehlen zerren, feines Schuhwerk und einen Zylinderhut. Jawohl. Wie oft hat er nicht diesen Hut in seiner Kabine betrachtet! Er nahm ihn aus der Schachtel, er legte ihn aufs Bett; er konnte sich nicht vorstellen, daß er so etwas aufsetzen sollte, besonders nicht, solange er von den vertrauten Geräuschen des Schiffes umgeben war. Oh, öfter als hundertmal hat er seine Backen aufgeblasen, so als wollte er wie früher in sein Blasrohr pusten. Und dann, in London, setzt er ihn auf. Und das ist gar nicht lächerlich, nicht ein bißchen. Und sogar der große ruhige Schritt, den er nicht ändern kann, der ein wenig vagabundenhaft ist und das Wiegen der Arme und die Bewegung der breiten Schultern und die schalkhafte Art, seinen Kopf zu halten, der einsame Schmerz in seinen verträumten Augen, alles das macht sich sehr gut, sehr, sehr gut. Er kommt zu den Verlegern, und von seinem ersten Worte an ist man mit allem einverstanden, ohne zu handeln, mit durchaus allem, ohne die geringste Einschränkung, indem man den größten Wert auf die Tatsache legt, »Mr. Melville, daß nichts, ja, wirklich gar nichts gegen Ihre Wünsche einzuwenden ist; wir werden alles tun, was Sie wünschen, geben Sie uns nur Ihr Manuskript, geben Sie es uns sogleich«. Er gibt es hin, man bedankt sich unterwürfig, man begleitet ihn bis zur Tür und verabschiedet sich nochmals. Nun also, es ist erledigt; er hatte mit Widerspruch gerechnet, doch nein, es ist in Ordnung. Sofort war es geregelt. Er beeilt sich, in sein Hotel zurückzukommen. Er muß ein breites wildes Lachen hinter seinem Bart verstecken. Wenn er sich aber nicht etwas mehr beeilt, wird er auf dem Bürgersteig in Gelächter ausbrechen; er kennt sich, er wird seinen Zylinder auf die Erde werfen und mitten auf der Straße darauf herumtanzen. Und was würden die Engländer sagen? Er weiß, was die Engländer dazu sagen würden, deshalb fängt er an zu laufen, was für einen Herrn im Zylinderhut ebenfalls nicht das Richtige ist; aber wenn schon, das wichtigste ist, nicht auf offener Straße »derjenige zu sein, der den Skandal verursacht«, wie Maria sagen würde. Doch der Abend dämmert schon, und man sieht ihn nur laufen, wenn er an den erhellten Schaufenstern vorüberkommt. Beim Hinaufsteigen nimmt er vier Treppenstufen zugleich, und nun darf er endlich den Freudentanz auf seinem Zylinder vollführen. »Der Herr hat gerufen?« fragt das Zimmermädchen. – »Nein; doch, warten Sie, vielleicht doch. Nein, zum Teufel, nein danke. Thank you very much.« Fassungslos geht das Mädchen hinaus und schließt die Tür. Sie lehnt sich gegen die Wand, preßt die Hände auf das Herz und lacht plötzlich erstaunt und entzückt über den ungewöhnlichen Zauber dieses Verrückten.

Doch ganz plötzlich wird er sich dessen bewußt, daß es gar nichts zu lachen gibt. Das Schiff fährt erst in vierzehn Tagen nach Amerika zurück; er ist Londons Gefangener. Solange er sich die Stadt mit ihren Verlegerhöhlen, in denen er herumzustöbern beabsichtigte, um sich das Glück zu erstreiten und zu erobern, vorstellte, solange ein Sinn dahintersteckte, war London noch erträglich. Doch jetzt: schwarz, leer und lärmend, nein. In was für eine Falle ist er geraten? Er ist sich vollkommen im klaren darüber, daß ihm, wenn er nicht achtgibt, etwas ganz Ungewöhnliches zustoßen wird. Genau so, nach einer ähnlichen wie dieser Londoner Langeweile, erging es ihm in Lima, wo es schließlich mit einer gewaltigen Holzerei endete; und die närrische Maskerade von Shanghai entwickelte sich aus dem Ingwernebel eines Saufgelages. Das Zimmer, das er bewohnt, riecht nach kalter Zigarre; dem Tischläufer entströmt ein Geruch von eingetrockneten Punschflecken, und die Wandbekleidung aus braunem Leder verbreitet den aufdringlichen Dunst durchschwitzter Männerwäsche. Er hat gräßliche Angst, denn er weiß, daß ihn hier fortwährend das unwiderstehliche Verlangen überfallen kann, sich wie ein brünstiger Seemann aufzuführen. Wenn er nichts anderes zu tun hat, als sich selbst zu belauschen, ist er unfähig, sich all den würdigen Herren gegenüber, die ihm auf den Treppen und Gängen begegnen, noch länger im Zaum zu halten. Das Hotel, in dem er abgestiegen ist, wimmelt von Land-Gentlemen, die nach London gekommen sind, um den Unterhausdebatten über Palmerstons Getreide- und Kartoffelpolitik ein wenig aus der Nähe beizuwohnen. Nach Hermans Meinung hat ein Mann, der dieses

Namens würdig ist, andere Dinge zu tun, als zu seinem Vorteil Ränke zu spinnen. Unten in der Küche wird mit Kupfergefäßen geklappert; heute abend werden sie wieder bei ihren forcierten Truthähnen sitzen. Einen Abend wird er es vielleicht noch aushalten, höchstens zwei, doch vierzehn Abende gewiß nicht. Schon hat er Lust, im Sprechzimmer zu rauchen und im Rauchzimmer zu sprechen, und er amüsiert sich schon im stillen darüber, was er im Eßzimmer anzustellen imstande wäre. Er hat große Lust, ihnen zu sagen, daß er sich die Pfunde Sterling sonstwo hinstecken wird. Wenn er noch bleibt, so läuft er ein Risiko. Was er tun wird, ist ganz einfach: Er wird sich einen großen weißen Zylinder kaufen. Er hat unwahrscheinliche in den Auslagen gesehen, Röhren für Havannaleute, ganz ungewöhnliche Hüte, die man nur auf den Kopf zu setzen braucht, und alle, denen man begegnet, fühlen sich beleidigt. Selbst im Sonnenschein, sogar in Havanna. Na also, das wird er tun; er wird sich so einen Hut kaufen und ihn sich aufsetzen. Er wird damit zwischen allen anderen umhergehen, mitten im grünlichen Nebel, er wird damit das Eßzimmer betreten, und er wird ihn als Protest des freien Amerika auf dem Kopfe behalten. Halt! Nein.

Nein, er blickt zum Fenster hinaus. Wie schwierig doch das Leben für einen empfindsamen Menschen ist, aber es ist herrlich! Ein Rest des Abendrotes zieht jenseits der Dächer von Holborn wie eine alte Hahnenfeder über den trüben Himmel. Unten im Hof haben die Stallknechte drei große Laternen herbeigebracht. Sie striegeln die vom Licht vergoldeten, in Dampf gehüllten Pferde. Herman zündet sich eine kleine Manila an und geht hinunter, um ihnen zuzusehen. Die Stalltüren sind geöffnet, der Geruch des Strohs weckt Bilder von Weite, von Wegen und Straßen. Der Pferdemist ist ein großer Zauberer. Mit gespreizten Beinen hat sich Herman hingestellt, mitten zwischen die Knechte. Die Burschen heben die Hufe der Pferde und lassen sie fallen, daß die Eisen auf dem Steinpflaster klappern; es klingt wie ein Galopp auf der Stelle. Wenn Herman geheilt werden kann, so ist es hier, nirgends sonst. Er verschenkt eine seiner kleinen Zigarren, so ergibt sich schon eine zehn Minuten lange Unterhaltung über den Tabak. Der Bursche lobt den Holländer, doch dann bückt er sich über den Tränkeimer, macht einige Züge, richtet sich auf und erklärt, daß er sich schließlich und endlich ganz gut an den Manila gewöhnen würde; und daß es sich nur darum handele, Manilazigarren zu bekommen. »Gut«, sagt Herman, »ich will dich etwas fragen: Wenn du zehn freie Tage für dich hättest, was würdest du tun?« – »Das hängt von mancherlei ab«, sagt der andere, »setzen Sie voraus, daß ich etwas in der Tasche habe oder blank bin?« – »Nehmen wir an, du hättest fünf Pfund«, sagt Herman. – »Fünf Pfund«, sagt der Bursche, »dann ist alles klar, ich würde auf der Stelle nach Woodcut fahren.« – »Was ist das, Woodcut?« – »Eine Ortschaft natürlich.« – »Wo gibt's das?« – »Ach, das liegt in der Richtung auf Berkeley, dort unten, hinter Bristol.« – »Weshalb nach Woodcut, was gibt es dort Besonderes?« – »Oh, es ist eine Ortschaft wie jede andere.« – »Na und?« – »Nun, weil Jenny dort ist.« – »Wer ist Jenny?« – »Mein Mädchen natürlich.« – Gut, also gut! Jetzt haben wir's; Herman wird nach Woodcut fahren. – »Wenn ich deiner Jenny etwas ausrichten soll, mein Freund, so heraus damit.« – »Nehmen Sie es nicht übel, Chef, es handelt sich um etwas, was ich lieber selbst besorge, aber wenn Sie hinfahren, so gehen Sie vielleicht zu diesem Igel von Josua im ›Old Seafish‹; sagen Sie ihm, er möchte Ihnen einen Rum geben wie für Dick. Wie für Dick, müssen Sie ihm sagen.« – Das war genau das, was Herman brauchte. Er geht zum Hafen hinunter. Jetzt handelt es sich um den Anzug. Er wird sich nicht in der Grafschaft Wales im Spencer und in eleganten Schuhen herumtreiben. Dort hinten, hinter den Docks wird er finden, was er braucht; er findet es bei einem Trödler in Limehouse. Er hatte zu Mistreß Melville gesagt: »Mir passen die erstbesten Arbeitskleider, nach Maß muß ich mir nur die Festtagskleidung anfertigen lassen, und trotzdem behindert sie mich immer ein wenig in den

Achseln.« Im Nu hat er eine gute blaue Wollhose gefunden, sie ist fast neu und gerade lang genug; in den Hüften ist sie etwas zu weit, doch wenn der Leibriemen herumkommt, macht das nichts. Sodann hat er ein Trikot mit Querstreifen eingehandelt; es ist vielleicht nicht ganz so, wie er es wollte, doch sehr bequem und wirklich, wie der Jude ihm sagte, aus guter schottischer Wolle. »Ich sehe es schon, Ihr könnt ganz unbesorgt sein, ich bin nicht von gestern, das Trikot ist wohl aus schottischer Wolle, aber soll ich es Euch sagen? Na gut, der Matrose, der es getragen hat, hat es Euch nach seiner Rückkehr aus Indien verkauft. Da, riecht einmal! Das Ding hat sich ewig und drei Tage in Benares herumgetrieben. Mir könnt Ihr nichts vormachen.« Und wenn er auch barhäuptig ist, so ist er doch immer noch wie ein Herr gekleidet. Es ist dem Alten nicht sehr zu verübeln, wenn er versucht, ihn einzuwickeln. »Ich gehöre zur Seefahrt; verstehst du mich, alter Fuchs? Ich gebe dir einen halben Schilling dafür.« Und er hat es bekommen. »Jammere nicht, du verdienst noch immer genug.« Und er kaufte noch, diesmal mit Begeisterung, einen alten Wettermantel, ein prächtiges Stück: weit, warm, echt, von Regen, Wind und Arbeit mitgenommen, von einer Farbe wie das nächtliche Meer, einen Mantel zum Hinknien schön. Ein wahrer Unterschlupf, ein rechtes »Seemannsheim«. »Sag mal, hättest du nicht vielleicht auch ein paar ›Trittchen‹? Wenn du welche hast, ziehe ich mich sofort um.« Ja, der Alte hat ganze Haufen davon. »Stiefel, nein, keine Stiefel zu diesen Hosen hier, du alter Gauner; du willst, daß man mich für einen Neuling hält, wie? Daß man meint, ich wollte die Erdbeeren mit einem Stock herunterschlagen? Nein, ich will dir sagen, was ich zu dieser Hose hier brauche. Ich brauche etwas, das nachgibt. Weißt du, was das für eine Hose ist? Nun also, so etwas trägt man hinter Sumatra, die chinesische Küste aufwärts, wenn es zwar trocken und mild, aber doch ein wenig frisch und der Wind voller Flugsand ist. In solchen Hosen muß man barfuß gehen, also bestimmt keine Stiefel anziehen.« Alle Erinnerungen erwachten in seinem Herzen, und riesige wilde Schwingen begannen, trotz der Wände des engen Ladens, ihn gewaltig zu umfächeln. Der Alte schien die großen wilden Schwingen nicht sehr zu fürchten. Ja, er besaß genau das, was Herman brauchte, und da der Gentleman gerade von China sprach, genügte es, in dem Haufen alter Schuhe zu kramen, um genau das zu finden, was er in bezug auf die Weichheit und chinesische Herkunft suchte; er brauchte nur ein wenig in seinen Habseligkeiten zu wühlen, und ihr werdet staunen, was darunter zum Vorschein kommt. »Ich weiß, daß es da ist, verkauft ist es nicht. Ah, hier ist es! Übrigens, an wen hätte ich sie verkaufen können?« Es waren chinesische Schuhe aus Elephantenleder, weich wie

Handschuhe, die Spitzen ein wenig hochgebogen, wie man sie in Tibet trägt; ein grünes, nie gefettetes oder gewichstes Leder mit seiner natürlichen Narbe, ein Gegenstand der Kunst und des Gebrauches, eine vollkommen ungewöhnliche und allenthalben brauchbare Sache, eine Seltenheit, ein wahrer Leckerbissen für einen Seemann. Man feilscht nicht um den Preis einer solchen Sache, man ist zu verliebt in sie. Und sie passen, haben genau seine Größe, er muß nur dicke Wollstrümpfe anziehen. Na also! Beim Preise des Trikots hat er obsiegt, jetzt handelt er nicht mehr; es gibt genug anderes zu tun, genug andere Siege zu erkämpfen! Die bisherigen Siege, der Ruhm, alles das ist gestürzt und untergegangen im stürmischen Flügelschlag der großen Schwingen; er ist im Begriff, wieder von vorne anzufangen. Es gilt, wieder alle großen Schlachten zu gewinnen. »Ja, es ist gut; einverstanden, zeig mir schnell, wo ich mich umziehen kann.« Dabei denkt er, wenn der Alte mich nicht in seinen Verschlag hinter dem Verkaufsraum lassen will, so ziehe ich mich hier, mitten im Laden, um, den Glasscheiben in der Tür zum Trotz. Sie geht zwar auf eine finstere Gasse hinaus und drüben sind die Docks, doch es kommen englische Matrosen vorüber, und die sind vor allem Engländer und dann erst Matrosen. Doch nein, nein, es macht keine Schwierigkeiten, in den Verschlag zu kommen; der Herr hat einen guten Preis bezahlt, es ist nicht zu befürchten, daß er es auf die Kasse abgesehen hat. Kindlichkeit kann man nicht nachahmen.

Wie weich die Hose ist, wie geschmeidig die Schuhe und wie angenehm sich das Trikot auf der behaarten Brust anfühlt! Und wie wird ihm erst zumute sein, wenn er jetzt gleich den Matrosenmantel anzieht! »Hast du ein Stück Wachstuch?« – »Ja, drei Pence.« – »Und diesen Riemen?« – »Also vier.« – »Gib her. Du wirst gleich sehen, was ich damit vorhabe. Dies ist der Spencer.« – »Der Herr sollte ihn mir verkaufen.« – »Aber nein, der Herr verkauft nichts.« Herman amüsiert sich. Dies erinnert ihn plötzlich an Mistreß Melville. Was würde Dorothee sagen, wenn sie ihren Schriftsteller-Mann nicht im Anzug eines berühmten Schriftstellers heimkehren sähe? Plötzlich wird der Flügelschlag des Engels so heftig, daß er ihm den Atem benimmt wie der Rauch grünen Holzes. »Warte, gib mir noch die Teebüchse da.« Er braucht sie, um die vielen kleinen Manilazigarren aus seinem Etui hineinzutun; dann steckt er sie in die Tasche des Matrosenmantels. Er rollt den Spencer, die Hose und die Stiefel zusammen, wickelt das Wachstuch darum, macht ein Matrosenbündel daraus und hängt es mit dem Riemen über seine Schulter. Und nun vorwärts! Ehe er die Tür öffnete, hat er den Matrosenmantel übergezogen, dann hat er ein wenig gewartet, bevor er in der dunklen Nacht weiterging, und schließlich hat er angefangen, die

Schultern und Arme zu bewegen, um nun die zuverlässige und behagliche Wärme des Tuches zu verspüren. Der dicke Mantel bewahrt noch in seinen Falten getreulich die Gestalt seines früheren Trägers, jetzt füllt Herman ihn allmählich mit seiner eigenen aus. Er wußte beim Kauf des alten Matrosenmantels, daß er sozusagen eine Persönlichkeit kaufte; deshalb hat er nicht gehandelt. Man feilscht nicht um den Schatten eines Kameraden, eines Kerls, der anscheinend die Neigung zum Linkshänder gehabt hatte, denn die Einschnitte für beide Arme waren gleichmäßig abgenutzt, eines Kerls, der keine Angst vor Halsschmerzen hatte, oder aber auch er trug einen Vollbart, denn der Kragen ist nicht oft geschlossen worden. Ein wenig streitsüchtig war er, denn die rechte Tasche ist vom Lauf einer Pistole ausgeweitet worden, und sehr auf sein Äußeres bedacht war er auch nicht, oder wenigstens mehr auf den Eindruck, den er machte, als auf seine Kleidung, denn er hatte die Gewohnheit, den Mantel hochzuschlagen und die Hände in die Hosentaschen zu stecken. Dies ist zwar in den Seemannskreisen der ganzen Welt die richtige Haltung, doch es weitet die Mäntel verdammt aus, beziehungsweise gibt ihnen eine etwas eigenartige Note. Ja, er war gewiß einer von den kitzligen Burschen. Dieser alte Schweinejude hatte Kampfer in seinen ganzen Kram gestreut. Dennoch haftete in dem Tuch die Erinnerung an den Wind, und trotz des Kampfers war er noch spürbar. In Hermans Augen brennt das Salz. In seinem Kopfe dröhnt das Grollen der unbegrenzten Weiten. Die Mysterien der Welt sind ihm vertrauter als die Politik Palmerstons. Er sieht sofort, daß die Blechschilder nicht hin und her schwanken, daß die Strohhalme auf dem Pflaster nicht davonfliegen und daß der Nebel sich nicht bewegt; der Wind ist also in seinem eigenen Kopfe. »Ach, da bist du ja wieder«, sagt er. Der Kampf mit dem Engel hat wieder begonnen. Er hatte immer vermutet, es sei nur ein Waffenstillstand; keinem Menschen hatte er etwas gesagt, doch seitdem er das Meer verlassen hatte, mußte er doch verborgene Kämpfe mit dem Engel bestehen. Wenn er allein, über ein Blatt gebeugt, in seinem Zimmer saß und schrieb, war er ihm oft hinterrücks auf die Schulter gesprungen und hatte ihm sofort mit seiner fürchterlichen Faust und mit erbarmungsloser Grausamkeit das Genick umgedreht. Ja, ganz gewiß, ohne Erbarmen, ohne sich um etwas zu kümmern, weder um die Anstrengungen noch um den Wunsch und das Recht auf ein friedliches Leben, was doch schließlich das Recht eines jeden ist; friedlich zu leben und sich dabei vorsichtig nach rechts und links durchzuschwindeln, eben zu leben, von den großen Ideen und den großen Entschlüssen abzulassen und von dem Verlangen nach dem Opfer, von der Selbsthingabe, den schwierigen Dingen, die mühsam zu vollbringen sind, von den Dingen, an die man sich selbst heranzerren muß, die dich des Nachts nicht schlafen lassen, zu leben wie alle Welt, mit dieser großen beruhigten Selbstsucht, die uns alle Konfessionen und alle anerkannten Machthaber lehren; ein Leben auf ausgetretenen Pfaden mit dem Schlüssel zu allen erlaubten Türen, auf den Treppen, in den Gängen, in den Zimmern der ganzen Welt, mit Ausnahme des Zimmers Heinrichs VIII., leben mit seiner Frau, in seinem Hause, seinem Garten, bei seinen kleinen Pflichten! Es gibt keine kleinen Pflichten! Wie oft hast du nicht wiederholt, es gibt keine kleinen Pflichten? Tausendmal, hunderttausendmal, immerfort; du hast mich nicht ein einziges Mal mein Beefsteak mit Kartoffeln in Ruhe essen lassen. Meine kleinen Pflichten des Dichters – da du doch behauptest, ich sei einer – meine kleinen Pflichten des Dichters. Bücher zu schreiben, wie ich es verstehe; jeder tut das, was er versteht. Ich tue, was man von mir verlangt, was man mir abkauft; man verlangt es von mir, weil ich es gut mache, weil es gefällt; man kauft es mir ab, weil man weiß, daß ich auf diesem Gebiet tüchtig bin und mein Fach verstehe. Ich leiste genau das, was man von mir erwartet. Was denn? Das Gegenteil? Ich soll das Gegenteil von dem leisten, was man erwartet? Was faselst du da? Wenn du zum Schuster gehst und er gibt dir anstatt der Schuhe eine Gitarre, was würdest du dann sagen? Ja, ich weiß, du brauchst weder Schuhe noch eine Gitarre. Ja, ja, höre nur auf, mit deinen Flügeln zu rauschen, ich weiß, daß du dir deine eigene Musik machst und daß du fliegen kannst; ich weiß, daß du durch die Lüfte fliegst. Doch die Menschen fliegen nicht durch die Lüfte. Sie brauchen Schuhe, und es ist ein großes Glück, daß es Leute gibt, die sie ihnen anfertigen. Ich rede in eigener Sache? Gewiß rede ich in eigener Sache. Alle Welt redet in eigener Sache. Auch ich habe das Recht dazu. Doch du hast eben den Ausdruck »in eigener Sache« gebraucht, und das ist mir unangenehm. Du wußtest es, und darum hast du es gesagt. Du weißt besser als irgend jemand, wie man mich nehmen muß. Doch du, der du dir mit deinen Flügeln so viel auf deine Lauterkeit zugute tust, weißt dennoch, daß das, was du eben sagtest, ungerecht ist. Soll ich dir genau sagen, weshalb ich rede? Ich rede, damit du mich in Frieden läßt! Ich bestreite nicht, daß es schmeichelhaft ist, mit einem Engel zu ringen, doch ich pfeife darauf! Wie ruhmreich es auch sein mag, sein ganzes Leben, ohne je zu ruhen, im Bewußtsein, eine Ausnahme zu sein, in schrecklichen Kämpfen mit dir zu verbringen; ich sage dir rundheraus, daß ich auf diese Ehre pfeife, daß ich es bis dahin satt habe, eine Ausnahme zu sein! Ich lege gar keinen Wert darauf, eine Ausnahme zu sein. Nichts reizt mich mehr, als wenn man es mir im Glauben, mir eine Freude zu machen, sagt, und ich gerate in höchsten Zorn, wenn es dir gelungen ist, mir den Kopf so warm zu machen, daß ich wirklich zu einer Ausnahme werde und fühle, daß man es merkt. Laß mich in Frieden! Laß mich reden! Ich möchte nicht mehr fronen müssen, verstehst du? Deswegen rede ich! Die schwierigen Dinge, der bittere Rest bleibt immer für mich. Das, was ich geleistet habe, ist nicht ganz schlecht, du hast es ja gesehen. Fünf, sechs Bücher, aber vielleicht hast du sie gar nicht gelesen? Doch. Dann weißt du ja, was ich geleistet habe und was ich zu leisten vermag. Wenn nur jeder dasselbe machen wollte. Mehr als man vermag? Ach, mein Lieber, du als Engel hast leicht reden! Sagen kann es ein Mensch auch. Was du aber mit deinem dummen Engelskopf nie begreifen wirst, ist, daß ein Mensch es wohl sagt, es aber dabei bewenden läßt; er hat nie die Absicht gehabt, es zu tun. Versuchen? Ich? Aber ich sage dir doch: Nein! Der Augenblick, in dem ich dir am meisten mißtrauen muß, ist der, in welchem deine Grausamkeit liebevoll wird. Oh, außer dir gibt es keinen, der es fertigbrächte, mir in dem Augenblick, in dem er mir eine Ohrfeige gibt, zu sagen, er liebe mich. Ich habe mich immer durch deine Zärtlichkeit täuschen lassen. Wenn das nicht gewesen wäre, hätte ich dir längst die Kehrseite gezeigt. Das ist deine Überlegenheit. Es ist genau so, wie ich es dir sage; ich fühle, daß du mich liebst. Aber was denn schließlich?

Was versuchen? Du, der du immer verlangst, daß man sich äußere, ich habe mich geäußert. Ich habe alles, was ich wußte, geäußert; soll ich es dir sagen: alles, mehr weiß ich nicht und will ich nicht wissen. Aber du, schließlich und endlich willst du Wundertier wissen, willst du, daß ich dir verrate, was der gescheiteste Engel – oder vielleicht der dümmste – nicht weiß? Auch ich will in Pantoffeln umhergehen wie alle anderen. Nicht doch, ich spreche nicht von deinen Füßen und übrigens auch nicht von meinen; ich weiß sehr gut, daß Engel keine Füße haben. Ich weiß, daß sie nur lange Kleider tragen und weite Schwingen haben; hast mich oft genug mit alledem, was nach Vanille und Absinth riecht, benebelt. Ich will damit sagen, daß du, so klug oder so dumm du auch sein magst, nie begriffen hast, daß du auf der einen Seite der Barrikade stehst und ich auf der andern. Verlange nicht von einem Menschen, was nur Engeln vorbehalten ist. Ich bin ein Mensch, und ich will meine Pantoffel. Ich will leben, jawohl, essen, trinken, schlafen. Schlafen, hörst du? Außerdem sollen jene, die etwas zu äußern haben, es äußern; ich habe genug geäußert, nun ist ein anderer an der Reihe, seinen Schlaf zu opfern. Ich will spazierengehen, will angeln gehen, ich will an meinem Eßtisch Patiencen legen. Noch nie hat ein Mensch die Erde daran gehindert, sich zu drehen. Aha! Du gibst mir recht! Und weiter? Ich habe ein paar Bücher geschrieben, es sind unterhaltende Geschichten. Punktum! Schluß! Und ich preise den Himmel, denn solche Bücher kann ich herstellen, so viele ich will, ganz mühelos und ohne Risiko (wie frische Semmeln)! Was sagst du? Das hat nichts mit dem Himmel zu tun? Um so schlimmer für den Himmel! Ich lästere, wenn es mir Spaß macht. Laß du die Welt sich drehen, denn genau das ist deine Aufgabe, doch komm nicht andauernd und quäle einen armen Teufel wie mich unter dem Vorwand, ich sei ein Dichter. Mach dir deine Reklame alleine. Ich bin ein Mensch wie jeder andre. Jawohl, ich bin ein Mensch wie alle anderen! He, scher dich von meinen Schultern herunter! Du willst wissen, wohin ich gehe? In diese Kneipe hier gegenüber.

Es ist eine Matrosenkneipe, und um diese Zeit ist sie fast leer. »Was soll es sein?« fragte der Wirt. – »Bring etwas zu essen.« Er rief ihn zurück: »Und Stout.« Am Schanktisch lehnten zwei Männer; sie rauchten kurze Pfeifen. Der Wirt kam zurück, er war ein dickbäuchiger Kerl, doch sein Umfang begann schon an den Schultern und setzte sich in den kräftigen Schenkeln der ziemlich langen Beine fort. Er trug eine Kellerschürze. Sein Gesicht war glattrasiert und wie aus Buchsbaumholz; er hatte das Kinn einer Bulldogge und Nasenlöcher, aus denen rötliche gelockte Haarbüschel wuchsen. »Hast du nicht zufällig Kerle von der ›Royal James‹ getroffen?« –

»Nein. Niemand gesehen.« – »Gehörst du nicht zu denen von der ›Happy-Return‹?« – »Nein.« – »Kam mir so vor. Schien mir, als hätte ich dich schon gesehen. Also sag mal, was ich dir bringen soll.« – »Bring, was du hast.« – »Natürlich. Drei von der ›Royal‹ waren heute nachmittag hier, um mir zu sagen, daß sie heut abend hier futtern wollen. Sie haben Krabbenreis bestellt, dann gibt es noch eine Fischsuppe, wenn du willst.« – »Geh holen, aber hör mal, richte es ein, daß für sie genug übrigbleibt.« – »Mach dir keine Sorgen, es reicht für mindestens zehn, den Burschen darf man keine leeren Versprechungen machen.« – »Schön, Alter, dann gib mir eine Portion für zwei.« Von hinten ist der Wirt noch dicker als von vorn. Bilde dir nur nichts ein, mein Lieber, denkt Herman, wenn du mich einwickeln willst, mußt du früher aufstehn. Du kannst ja ruhig so tun, als wenn du mich an deine Burschen von der »Royal« glauben machen willst. Ich wette um die Heuer einer ganzen Woche, daß von den Jungens von der »Royal« auch nicht eine Nasenspitze auftauchen wird. Den Dreh mit den Burschen von der »Royal« kennt man im Umkreis aller Meere, in allen Kneipen, in denen Matrosen futtern. Ich kenne den Dreh, man hat ihn hundertmal mit mir versucht. Geh nur, mein Lieber, mach dir keine Sorgen, wie du sagst. Heute abend beschwindle ich mich selbst, also ich mache gerne mit. Ich glaube dir wie der Bibel; ich werde heimlich von der Nuba, die angeblich für die Leute von der »Royal« gekocht wurde, mitessen.

Aber der Reis – also wirklich – großartig! Herman hat mit vollen Backen den Wirt angesehen, und dessen Bulldoggengesicht hat ihm zugeblinzelt: Das nenne ich Krabbenreis! Es ist unmöglich, solchen Reis anderswo als auf den Philippinen zu bekommen. Der Wirt ist vom Bau. Herman schluckt seinen Bissen hinunter und hebt den Finger in die Höhe. Der Wirt trocknet ein Glas aus, er hält inne. Herman zwinkert ihm zu und sagt: »Mindanao.« Die Bulldogge sagt: »Ja, Vergara, am Ende der Bucht«, dabei zwinkert auch er.

Das ist eine Wonne, die Krabben mit den Fingern aus dem Reis herauszulesen, sie auszusaugen und den Saft, der ihnen aus allen Öffnungen sickert, abzulecken, sie dann ganz einfach zu öffnen, ohne sich um die Sauce zu kümmern, die bis zu den Handgelenken herunterrinnt, und den grünen, roten und braunen Inhalt zu kauen und mit der Zunge in die Schale zu fahren und auf allen Schalen herumzubeißen und sich an dem Jodgeschmack und den Säften, die nach dem Meer schmecken, zu laben. Ach, wie ist das gut! Und sich dann die Finger zu lecken ohne viel Umstände. Als er fertig ist, hat er nicht mehr den geringsten Appetit auf Fischsuppe. Nein, das wäre Nordsee nach dem Äquator; nein, er hat noch längst nicht genug von dem Curry und von dem heißen braunen und roten Krabbenfleisch und von dem Reis; von den südlichen Gestaden, deren Sand, vom Winde gewellt wie Haarsträhnen, über die Hügel fegt, zwischen denen spiegelnde Reisfelder liegen.

Er geht mit seinem leeren Glas zur Theke und schiebt es auf der Zinkplatte hin und her. »Nun, was gibt's?« fragt der Wirt. – »Geh, hol mir noch einen Schlag von deinem Zwei-Männer-Reis. Sollen sie sehen, wo sie bleiben, die Jungens von der ›Royal‹! Und dann, sag mal (er macht dem Wirt ein Zeichen, näher zu kommen, und zeigt auf sein leeres Glas), gib mir noch ein Glas Stout und schütte heimlich ein großes Glas Gin hinein, das hebt die Stimmung.« – »Du siehst nicht aus, als hättest du es nötig«, sagt die Bulldogge. – »Das weiß man nie.«

Das weiß man nie, sagt er sich, während er sich daranmacht, seine zweite Portion Reis zu futtern (sie ist noch leckerer als die erste). Er ist nie sehr trübsinnig gewesen, das heißt trübsinnig wie andere. Doch er ist oft ebenso traurig gewesen wie sie, ebenso hoffnungslos, ja, von einer noch schrecklicheren Hoffnungslosigkeit. Wie alle Welt hat ihn auf der endlosen Weite des Meeres Traurigkeit überfallen; oft sehr heftig, ebenso wie seine Gefährten. Denn nicht die Traurigkeit war es, die beim Vanillegeruch des Engels wich oder weil Land auftauchte. Nichts von alledem. Wenn sich alle die Landstriche übereinandergeschoben hätten und auf mich zugekommen wären, wie eine Schafherde dem salzbringenden Hirten entgegenspringt, die Traurigkeit wäre geblieben. Meine Traurigkeit. Ich habe es erlebt, daß der dauerhafteste Trübsinn der anderen das Feld räumte, weil der Wind plötzlich den Gestank von Schweineställen herüberwehte, der drei Stunden vor der Schiffswache das Nahen der großen Kontinente verkündete. Doch meine Traurigkeit wich nicht von der Stelle. Man darf nicht meinen, man hätte ihrer mit greifbaren Dingen habhaft werden können. Mit Annehmlichkeiten! Nein. Ich weiß wohl, daß das vollkommen von mir abhängt. Die Erde gibt mir soviel wie den anderen. Die Erde gibt mir mehr als den anderen. Doch jedesmal frage ich mich: »Und dann?« Ich bin kein heimatloses Kind. Ich brauche mir nicht vergeblich die Nase an den Schaufenstern der Erde platt zu drücken. Und sei unbesorgt, ich spucke auch nicht auf ihre Vergnügungen. Ich habe auch Glück gehabt, willst du wissen, wie? Ich bin kein armes Waisenkind. Väter und Mütter habe ich allenthalben. Ich bitte nicht um Almosen, ich gebe welche. Ich bin ein Bojar. Wenn die Welt ein Haus ist, dann bin ich ein Stammgast des Hauses. Ich kenne alle seine großen Geschäfte und seine kleinen Schliche. Ich kenne die Hausmarke Gin und alle vorrätigen Schnäpse, den Keller und die Küche, die Zimmer, den Dachboden und den Garten. Ich kenne die Sauferei nach Art des Hauses, und ich kenne den Katzenjammer nach Art des Hauses. Ich bin kein heimatloses Kind. Und vier Wände, um die Nächte und Tage darin zu verbringen, habe ich mehr als genug, soviel es nur gibt. Ich bin kein heimatloses Kind. Ich bin ein heimatloser Mann; das ist etwas ganz anderes. In der Nacht aufwachen und bis zur äußersten Mastspitze klettern und dortbleiben und schnaufen wie eine Robbe und Ausschau halten und warten und auf den Herzschlag lauschen und mit dem Schädel gegen die Finsternis anrennen, bis die Augen und das Herz versagen, und warum das? Weil bald Land in Sicht ist? Eure Freude. Meine? Nein, laßt mich in Frieden. Nein danke. Nein, ich habe keinen Zorn. Was ich habe? Nichts. Nichts, ich wiederhole es. Ich habe es wirklich ein paarmal erlebt, daß meine Traurigkeit leiser wurde und wie sie dann nach und nach verschwand und wie sie mir schließlich den Rücken kehrte, wenn die Morgenröte mit dem Lärm eines Erdbebens anbrach und sich dann die Stille über den Pazifik mit seinen Tausenden von Quadratmeilen breitete, und wenn das Schiff verwurzelt war wie eine Eiche und das Fallen eines Wassertropfens dröhnte wie die Posaune des Jüngsten Gerichts. Drei Monate Wind aus allen Himmelsrichtungen … Ach, du warst ja da! Und du bist mir hierher gefolgt? Es ist dir also gelungen, deine weiten Schwingen zwischen diesen Wänden unterzubringen? Gut, rühr dich nicht und wirble nicht die Sägespäne auf. Und nimm dich ein wenig in acht mit deinen Federn, denn die Kameraden rauchen ihre Pfeifen und spucken. Also hast du es gesehen? Ich habe Gin in meinen Stout gießen lassen. Ja, natürlich, du, wenn du ohne weiteres zugibst, daß dir etwas nicht gefällt, dann wird es heiß am Nordpol. Das gefällt dir? Um so besser, daß es dir gefällt und du Opportunist bist, wenn es dir mißfiele, so wäre es genau dasselbe. Du bist mitgekommen, also gut, aber bleib hübsch hinter meinem Rücken und laß die Kameraden zufrieden; die haben etwas anderes zu tun, als sich um dich zu kümmern. Den gleichen Grund, den ich habe? Vielleicht, es ist möglich. Ich sagte es dir, ehe wir herkamen, ich bin ein Mann wie alle anderen. Du wolltest es nicht glauben, und jetzt bist du es, der es sagt. Was ich eben sagte? Wann? Als ich meinen zweiten Zwei-Männer-Reis futterte? Du brauchst nur besser hinzuhorchen. Das hängt von mir ab. Ja, das hängt von mir ab. Du brauchst nicht zu grinsen; was ist dabei so komisch, daß das von mir abhängt? Ich wiederhole es nicht. Ich bin keine Repetieruhr. Ich sprach von der Anmaßung der Götter, wenn du es wissen willst, ich sprach von den Qualen der Schwachheit und der Bitterkeit der Ohnmacht. Von der menschlichen Einsamkeit, von der sprach ich. Wenn ich etwas zu äußern hätte, siehst du (ich sage: wenn), so würde ich mich darüber äußern.

Er ging ins Hotel zurück und betrat den Fuhrhof,

dessen Tor offenstand. Im Schein der Laternen, die von allen Seiten herbeigetragen wurden, sah man eine Eilpost, die zur Abfahrt fertig war; es war die Post nach Exeter. Er fragte nach der Verbindung nach Woodcut. Der Wagen fuhr am nächsten Morgen um sechs Uhr von einem kleinen Fuhrhof hinter Gray's Inn. Er müsse nach der Post nach Bristol fragen, mit ihr bis Cricklade fahren und von dort die Post nach Monmouth nehmen bis … Alles, was man ihm erzählte, handelte von Landstraßen, von Verbindungswegen und von Menschen, die sich in ewiger Gesetzmäßigkeit an den Kreuzwegen trennen.

Das Holzfeuer im Kamin seines Zimmers flackert. Er zündet keine Kerze an, sondern entkleidet sich im tanzenden Lichtschein, der die Schatten seiner Bewegungen vergrößert. Er legt sich nieder; im Zimmer ist nur noch das leise Singen der an den Enden der Holzscheite kochenden Säfte zu hören. Er fühlt sich seltsam frei. Er gehorcht nur seinem eigenen Willen und steckt voller Pläne. Nach alter Seemannsgewohnheit legt er sich nackt ins Bett. Im kühlen Leinen streckt er Arme und Beine von sich wie ein Seestern. Ein sanfter Wellengang hebt und senkt ihn. »Ich hätte keinen Gin in meinen Stout gießen lassen sollen.« Doch er ist handfest, und nichts berauscht ihn, es sei denn, er berauscht sich selbst. Das ist der Wellengang seines Herzens. Nein, natürlich, er hat nicht Lust, damit fortzufahren, die einfachen Bücher zu schreiben, die ihm so leichtfallen. Das Werk lohnt sich nur, wenn es ein ewiger Kampf mit dem weiten Unbekannten ist, wenn ich mir meinen eigenen Kompaß und mein eigenes Segelwerk schaffe. Es geht darum, immer wieder aufzubrechen, um alles zu verlieren oder alles zu gewinnen. Wegen des Buches, das er jetzt geschrieben hat und das nun veröffentlicht werden soll, wird man ihn für einen Rebellen halten. Die Leute lieben es einzuordnen. Er ist nur ein Rebell, weil er ein Dichter ist. Man kann ihn nur nach seinem Namen einordnen. Er ist nicht nur Schriftsteller des Meeres, wie andere nicht nur Schriftsteller der Erde sind. Er ist Melville, Herman Melville. Die Welt, deren Bilder er vermittelt, ist die Melvillesche Welt. Und Punktum! Wenn es einen Zusammenhang unter seinen Büchern gibt, so besteht der lediglich in seiner Marke. Seine Titel sind in Wirklichkeit nur Untertitel; der wirkliche Titel aller seiner Bücher ist Melville, Melville, Melville und noch einmal Melville und abermals Melville. Ich vermittele mich selbst; ich bin unfähig, ein anderes Wesen als mich zu vermitteln. Ich kann nicht schaffen, was andere mich zu schaffen bitten. Ich halte mich außerhalb der Gesetze von Angebot und Nachfrage. Ich schaffe das, was ich bin, denn ich bin ein Dichter. Er überlegte, daß er, wenn er wollte, ebenso geschickt wäre wie die anderen, um sich am literarischen Geschäft zu beteiligen. Doch was für ein sinnloses Leben! Sie müssen vor Langeweile umkommen, während er, im Gegensatz dazu, ewig gequält ist, ewig beunruhigt, immer atemlos vom Laufen hinter einem Ziel her; er ist immer besorgt, was unerwartet hinter den Wegbiegungen auftauchen könnte. Niedergedrückt von schrecklichen, nicht enden wollenden Anfällen von Verzweiflung; während die Geschöpfe seiner Phantasie sich davonmachten und in sich zusammenfielen wie Schlamm, sagte er sich: du bist ein unfähiger Tropf, dir mißlingt die allereinfachste Sache; und bei anderen Gelegenheiten sagte er sich von Begeisterung geschwellt: Gut so! Die kleinen Brüder können sich immerhin ein Beispiel an dir nehmen! Man hielt ihn für reich. Er war arm. Man hielt ihm vor, er habe dem Geschmack des Publikums nicht genug Rechnung getragen und nach eigenem Geschmack geschrieben. Er antwortete: »Ich bin berühmt, und es gibt genug arme Teufel, die mich lesen und sagen: Ja, das ist ein feiner Kerl. Sie sind froh zu wissen, daß es einen feinen Kerl gibt; was wollt ihr mehr?« Gewiß doch, es scheint, als habe er sich nicht genug um seine Geschäfte gekümmert. Ja, sie sagten, »seine Geschäfte«, und meinten, er höre auf, sich für ein Buch zu interessieren, sobald es der Verleger in Händen habe; er widme sich ausschließlich dem Buche, das er im Begriff sei zu schreiben. »Man muß ein wenig Reklame machen«, sagte man ihm. Ach, er hatte für etwas anderes Reklame zu machen: Reklame für das Geschäft des lieben Gottes. Das ist meine Aufgabe. Er übersah die Situation; er konnte es sich, allein in seinem Bette liegend, mit einem breiten Lächeln auf dem Gesicht, eingestehen: »Meine Lebensaufgabe besteht nicht darin, die Götter zu belauschen. Darüber hinaus bin ich, wenn es sein muß, bereit, von morgen ab mein Brot mit irgendeiner ganz anderen Arbeit als der eines Schriftstellers zu verdienen; ich bin nicht Literat, nicht für einen roten Heller.« Er fühlte sich an diesem Abend seltsam befreit, seltsam entschlossen. Leise rief er: »Bist du da?« Nein, das Feuer erlosch, es knackte in der Glut. Das war alles. »Dieser da«, sagte er sich, »gerät in die Klemme, sobald er gewonnen hat. Sobald er glaubt, gewonnen zu haben, denn – einen Augenblick mal, mein Sohn – es ist noch gar nicht einmal sicher, ob ich dieses Buch schreiben werde.« Wahrhaftig, er fühlte sich nicht fähig dazu, oder aber sein Herz hatte sich wirklich verändert. Er blickte zum Sessel hinüber, auf dem die Matrosenkleider lagen, die er eben gekauft hatte. – Was führt der im Schilde? fragte er sich, was bereitet er mir vor, was wird er mit mir anstellen?

Um sechs Uhr früh leuchtete der Himmel über Gray's Inn. Kleine Federwolken zogen sich wie ein gewaltiger, weiß schimmernder Flügel über den immer strahlender werdenden grünlichen Morgenhimmel. In jedem Augenblick erschlossen sich, aus rosigem Dunst auftauchend, neue Federchen. »Oh«, sagte Herman, »dieses Mal gehst du aufs Ganze, du hast dich prächtig herausgeputzt! Du hast ja die Schranktüren weit aufgerissen, so schön habe ich dich noch nie gesehen. Aber sind das nicht eigentlich Flügel für eine feierliche Trauung? Fürchtest du nicht, daß sie auf einer Reise etwas hinderlich sein werden? Es wird nicht immer große Felder geben, über denen du sie ausbreiten kannst; ich habe die Absicht, auch in kleinen Herbergen zu wohnen. Doch das ist schließlich deine Sache, ich habe dich gewarnt. Du wirst eben draußen bleiben, und ich will dir lieber gleich sagen, daß du gewiß die Aufmerksamkeit auf uns lenken wirst.« Die ersten Sonnenstrahlen vergoldeten das zarte Wolkengefieder.

Bis auf den Kutscher und den Postillon, die einen Kasten und zwei Koffer zwischen den hinteren Wagenfedern der nach Bristol gehenden Postkutsche verstauten, war niemand im Umkreis zu sehen. Die Vorhänge im Wagen waren vorgezogen; Herman kletterte auf den oberen Sitz. Auf der Straße nach Eton, gleich nachdem London hinter ihnen lag, gingen die vier Pferde in einen munteren Galopp über. Die Felder waren mit Reif bedeckt; man sah die Gräser der saftigen Wiesen nur durch tausendfach wie Pfauenfedern schillerndes Gefunkel. Im bläulichen Dunst tauchten gewaltige Sykomorenbüsche auf, kamen näher, reckten ihre riesigen Zweige, wichen der

Straße und dem Wagen aus und glitten wieder feldwärts zurück. Die Peitsche des Kutschers entriß ihnen Nebelfetzen. Der Dampf der Pferde zog sich auf der tiefer gelegenen Seite der Straße am Boden entlang. Die beiden Leitpferde galoppierten mit gesenkten Köpfen, das Zaumzeug zwischen den Zähnen, mit runden Bewegungen ihrer Beine, als wickelten sie Wolle auf; die beiden Deichselpferde reckten die Nüstern in die Luft, schüttelten die Mähnen und wieherten. Die Sonne war schon aufgegangen, als das erste Tilbury-Gespann auf dem Wege nach London vorüberkam. Man sah zuerst, wie etwas aus einem Feldweg in die Straße einbog, dann sah man einen kleinen dunkelhaarigen Mann in enganliegender Jacke, mit magerem, sehr langgerecktem Hals, um den er sich die Binde dreimal geschlungen hatte, was man schon auf zwanzig Meter Entfernung erkennen konnte. Ohne dabei etwas von seiner Haltung und seiner Würde zu verlieren, bemühte er sich, sein Pferd in Galopp zu setzen; in voller Geschwindigkeit fuhr er am Postwagen vorüber. Der Postillon schlug sich auf die Schenkel. Der Kutscher nutzte den Augenblick aus, um ihm die Leine zu geben und sich durch Aneinanderschlagen der dicken Fausthandschuhe die Hände zu wärmen; dann nahm er die Leine zurück und begann den Tieren schleunigst klarzumachen, daß sie es nun wieder mit ihm zu tun hatten. Es war zu merken, daß das Land um London schon erwacht war; der erste Marktkarren kam in Sicht; breit und langsam fuhr er, von drei voreinandergespannten Pferden gezogen, mitten auf der Straße. Der Postillon ergriff sein Horn und begann mit gedehnten Schimpffanfaren Platz zu fordern. Schließlich, als man den Karren im vollen Galopp erreichte, erhob er sich auf seinem Sitz, beugte sich vor und blies die Backen so gewaltig auf, daß ihm die Augen aus dem Kopfe quollen. Die Bauern sprangen ihrem Leitpferd in die Zügel, und alles bewegte sich langsam dem Feld zur Linken zu, und zwar genau in dem Augenblick, als die Eilpost, auf die rechte Seite überhängend und ohne das Tempo zu verlangsamen, vorbeisauste. Der dicke rote Kutscher, in seinem weiten pelzgefütterten Mantel und seinen Fausthandschuhen, rührte sich nicht. Er blies nur den dampfenden Atem durch seinen Schnurrbart hindurch. Der Postillon beklagte sich über die Aufregungen, aus denen sein Erdenleben bestand. Er verkündete das der ganzen Welt, Herman mit inbegriffen, in Worten, die im Dröhnen der eisenbeschlagenen Räder untergingen. Doch es tauchten weitere Karren auf; eine lange Reihe von Fußgängern begleitete sie. Der Postillon beugte sich nun weit über die Lehne des oberen Sitzes hinaus und begann mit der Kraft des wildesten Zornes und der höchsten Verzweiflung zu blasen. Das ungewöhnliche keuchende Röcheln seiner gellenden Trompete scheuchte auf den entlegensten Feldern dichte Lerchenschwärme auf. So, als habe sie versucht, eine hohe Woge von der Flanke zu nehmen, fuhr die Eilpost, fast auf der rechten Seite liegend, im scharfen Galopp dicht an den Karren vorbei, dann richtete sie sich auf der freien Straße wieder auf und fuhr schnell, noch in den Federn schaukelnd, weiter, während sie allmählich wieder ins Gleichgewicht kam und die Dampfwolken aus dem Schnurrbart des Kutschers verschwanden. In Paddington wurde ein Postsack aufgeladen. Der Ort erwachte, streckte sich und quietschte mit allen Ladentüren und Fenstern. Ein Tuchmacher klopfte vor seiner Tür seine Stoffe aus. Jenseits der Ortschaft wurde die Gegend ländlicher; auf der schmalen Straße konnten die Pferde nur im Trab laufen. Die frischgepflügten Felder verdunkelten das Land. Wie Mastwimpel zogen die Raben schwerfällig hinter den ochsenbespannten Pflügen her, die ihre Arbeit fortsetzten. Man begegnete einigen Reitern ohne Gepäck, die über die Felder streiften oder im Schritt auf Seitenwegen die dicht mit dunklem Gestrüpp bewachsenen Hügel hinanritten, von denen dünne Nebelfäden, hell wie Tabakrauch, über das Land zogen. Die Luft war frisch, aber golden durchsonnt. Vor allen Bauernhäusern am Rande der Straße wurden Gänseherden aufgescheucht; sie versuchten hochzuflattern und streiften mit ihren wütenden Flügelschlägen die tiefhängenden Zweige der Ahornbäume. Man hatte noch nicht begonnen, die Weiden auszuschneiden, überall reckten sie ihre langen Zweige, die an rötliche Harfensaiten erinnerten, in die Luft. Gewiß sang der Wind ein Lied in diesen Bäumen; zwischen einigen, die röter waren als die anderen, schimmerte der blasse Himmel hindurch. Doch man vernahm nichts davon, denn die Räder donnerten, die Federn schrien und die Hufe der vier Pferde klapperten auf der Straße. Man kam an einer länglichen Scheune vorüber, in der Gerste gedroschen wurde, und man hörte wohl, wie gleichzeitig darin gepfiffen wurde: »Bitt' schön, Alexandra.« Ganz England pfiff: »Bitt' schön, Alexandra.« Von jeder Straßenkreuzung zweigten schmale Wege ab, die, etwa zweihundert Meter entfernt, unter riesigen, fast kahlen Buchen in Dorfplätze mündeten, auf denen Dogcarts hielten. Ein paar Männer, die Hände in den Taschen, standen umher; der Schlächterbursche mit seiner blauen Schürze war dabei, die Schweine schrien. Und ohne sich von der Stelle zu rühren, drehte sich diese ganze Szenerie in dem Tempo, in dem die vier Pferde den Wagen zogen, wie auf einer Platte; auf die Buchen folgten lange Pappelreihen, die dann ebenfalls zurückwichen, dann kamen niedrige Hütten, die aus kleinen spitzen Fenstern über dem moosbewachsenen Schirm ihrer schwarzen Strohmütze hervorblickten, dann Buchenhaine, aus denen die spitzen Schnauzen der Dächer hier und dort aus den Zweigen heraussahen, dann eine lange weiße Mauer, Kreuze überragten sie, eine Eiche, zwei Eichen, dann eine Kapelle – sie lag nicht erhöht, sondern tiefer – zuerst war nur ihr Steinkreuz zwischen den knorrigen Ästen der Eichen sichtbar und dann ihr kleiner Glockenturm mit seinem Zinkzierat, dann ihr Dach, dann ihre Kreuzrose, dann ihre Toreinfahrt, breit genug, um Wagenladungen voll Tugend speichern zu können, und dann ihre vier breiten Treppenstufen, die, als die Eilpost vor dem Gitter des Friedhofs vorbeijagte, vom Erdboden emporführend, sichtbar wurden. Nun teilte sich das Dorf vor ihnen. Frauen schwenkten ihre Schürzen, um Gänse vor sich herzutreiben und Katzen zu scheuchen. Hinter den Scheiben ihrer Ladenfenster saßen der Schuster, der seine Nägel hämmerte, der Schneider, der wie ein Zwerg auf seinem Tische hockte, die Stickerin vor ihrem Rahmen und die dicke Wirtschafterin des Pastors, auf deren Stoffbusen ein Kreuz hing.

Ach bitt' schön, Alexandra,
Frag doch mal dein Herzchen,
Ob es nicht ein bißchen für mich übrig hat.

So, als dresche er im Höllenwind das Feuerkorn, stand in seiner Schmiede, die weit offen und voller Funken war, der Schmied, den Postillon und Kutscher gleichzeitig mit einem lauten Pfiff begrüßten; er schlug zur Antwort vier- oder fünfmal mit dem Hammer auf seinen hellklingenden Amboß. Und nun die Brücke über den Bach – haltet euch fest, denn … da habt ihr's! Plötzlich ist man über ihren Buckel hinweg, und man meint, der Magen steige einem hoch. Und von neuem die Felder mit ihren dunklen gepflügten Streifen, die sich geräuschlos um die fahrende Eilpost drehen. Frauen in Röcken, die vom getrockneten Schlamm hart und steif geworden waren, gingen schwerfällig über die Rübenfelder; sie blieben stehen, um die Eilpost vorbeifahren zu sehen; an ihren schmalen Schultern hingen ihre langen müden Arme. Schließlich, lange danach, am Rande eines düsteren Ackers, auf einer weiten Fläche, ohne Häuser, ohne Menschen, ohne alles, stand ein kleiner struppiger Junge und wärmte sich mutterseelenallein an einem riesigen Reisigfeuer. Noch niemals habe ich es so sehr bedauert … sagte sich Herman – er beugte sich vor und betrachtete den Himmel. Immer noch breiteten sich die großen Flügel in der Höhe über ihren Köpfen; das klare Sonnenlicht ließ sie in ihrer ganzen Weiße erglänzen … Sie bewiesen die Gleichgültigkeit und sogar die Halsstarrigkeit der Götter. Ich habe es noch niemals so sehr bedauert, griff er den Gedanken auf, nicht derjenige zu sein, für den du mich hältst. Hier wie überall vollzieht sich das Schicksal des Menschen.

Es ist das Schicksal des Menschen, über das man sich äußern muß. Doch bisher hatte ich den Kopf noch nicht tief genug in der Schlinge …

Das Schreckliche, dachte er lange Zeit später (es war gegen Ende des Vormittags), ist, daß ich außerdem nicht die geringste Lust habe, mich erwürgen zu lassen. Das ist ganz natürlich. Wenn ich merken würde, daß eine Sache sich schlecht anläßt, so würde ich mich in der Schlinge gebärden wie ein rechter Teufel. Nur zu Festlichkeiten geht man wirklich gerne. Wer weiß, was der andere in dieser Art da oben finden wird! Der Wagen fuhr im Schritt durch eine bergige Gegend, einer Anhöhe zwischen zwei Hügeln entgegen. Die Straße war an allen Seiten von Buchenwäldern eingeschlossen, deren Blätterdach unter der Last des Herbstes eingestürzt war, und der graue Himmel sank auf die rötlichen Trümmer herab und rieselte zwischen den Zweigen hindurch. Im Inneren der Postkutsche klopfte jemand gegen das Wagenfenster und öffnete es. »Jack«, rief eine Frauenstimme, »halten Sie einen Augenblick an der Kreuzung der Straße nach Dartmoor.« – »Ja, Missis«, sagte der Postillon. – »Jack, ist außer mir noch ein anderer Fahrgast da?« – »Doch, Missis, noch ein Herr, er sitzt hier oben, bei uns.« – »Ich bitte um Entschuldigung«, sagte die Frauenstimme aus dem Wageninneren. Und dann: »Wollen Sie mir gestatten, mein Herr, ein paar Worte mit Freunden zu sprechen, die mich am Wegrande erwarten sollen?« – »Aber bitte sehr, Missis«, sagte Herman. – »Danke.« – Das Fenster wurde wieder geschlossen. Sie fuhren durch eine trübselige und ärmliche Gegend. Die Straße nach Dartmoor war nichts als ein dunkler schlammiger Waldweg. Der Wagen hielt. So weit man sehen konnte, war niemand zu erblicken. Das Seitenfenster wurde heruntergelassen. »Blas einmal, Jack«, sagte die Stimme. Er blies in sein Horn. Der Kutscher hielt die Pferde zurück. Zuerst hörte man welke Blätter fallen und dann eine Antwort. Zwei Männer liefen den Weg entlang, einer war jung, der andere alt. Der junge erreichte die Straße zuerst, blieb stehen und entblößte seinen Kopf. Er mochte zwanzig oder einige Jahre älter sein, doch er war ungewöhnlich mager und abgezehrt. Seine Augen waren blutunterlaufen, und sein Gesicht, dessen Haut sich über die Knochen spannte, glich einem Totenkopf. »Komm näher, Christopher«, sagte die Frauenstimme, doch er rührte sich nicht, lächelte schüchtern und wandte seinen Blick dem herankommenden Alten zu, der eine noch ungewöhnlichere Elendsgestalt war, aber dabei Stolz und Zorn verriet. Trotz seines bäuerlichen Anzuges hatte er sich ein altes seidenes Tuch mit einer Phantasiestickerei um den Hals geschlungen. Er trat sofort dicht an den Wagenschlag heran. Seine Augen, die sehr blau waren, hatten einen harten Ausdruck. »Nun, Ardan«, sagte die Stimme, »Ihr seht ja wieder aus, wie ich es nicht haben möchte.« – »Ich fluche dem Himmel, Missis«, sagte der Alte, indem er den Hut abnahm, »bald werde ich dem Verlangen nicht mehr widerstehen können, diesem Unglücksschicksal zu entfliehen.« Man mußte ihm wohl ein Zeichen gegeben haben, daß jemand von dort oben zuhören könne, denn er blickte zu Herman hinauf und fuhr mit leiserer Stimme zu sprechen fort. Er beklagte sich; man ließ ihn sprechen, doch von Zeit zu Zeit sagte die Stimme: »Ja, ja, mein guter Ardan.« Endlich schwieg er. »Nun, nun«, sagte die Stimme. »Ihr wißt sehr wohl, daß es kein anderer als O'Brien sein konnte. Wäre es Euch lieber, wenn es Feargus O'Connor gewesen wäre?« – »Verflucht soll er sein, ich bitte um Vergebung.« – »Ihr verflucht alle Welt, Ardan.« – »Weil ich auf der Welt nichts mehr besitze.« – »Ihr habt Christopher.« – »Ich frage mich nur, wie lange noch, Missis.« – »Nun, nun, Ardan«, sagte die Stimme, »Ihr seid ein unverbesserlicher alter Phantast. Michael hat getan, was er sollte, und alles ist besser gegangen, als man erwarten konnte. Da kann die Phantasie nichts hinzufügen.« – »Ich phantasiere nicht, Missis, ich bin unglücklich.« – »Nicht das wollte ich sagen, Ardan, kommt nur näher heran, hierher, auf das Trittbrett.«

In ihrer Stimme lag etwas Befehlendes und zugleich Herzliches und Dringendes. Eine kleine Hand, die dem Alten ein Zeichen gab, näher zu kommen, wurde sichtbar. Der Alte gehorchte. Er preßte sich gegen den Wagenschlag. Was er tat, war nicht zu erkennen. Vielleicht verbarg er etwas in seiner inneren Brusttasche. »Man muß schon heruntergekommen sein ...«, sagte er. Doch die freundliche Stimme unterbrach ihn: »Ihr seid ein alter Narr, Ardan.« – »Das ist wahr«, sagte der Alte, indem er zurücktrat. »Können wir darauf hoffen, Sie bald wiederzusehen, Missis?« – »Diesmal, ehe ein Monat vergangen ist«, sagte sie. Der alte Mann stieg den Abhang zum Wege nach Dartmoor hinauf. »Bedeckt euch«, rief die Stimme. »Danke«, sagte er, ohne sich umzuwenden; er setzte seinen Hut auf und verschwand im Walde. Der junge Mann hatte sich nicht gerührt. Sehnsüchtig starrte er in den Wagen: »Christopher, seid nicht so schüchtern, ich bin kein Gespenst.« Doch er rührte sich nicht. Nur seinem Munde war Leben und Leidenschaft anzusehen. »Wir können weiterfahren, Jack«, rief die Stimme.

Herman hatte sich eben gesagt, er würde zwei Monate seiner Heuer ... da wurde die Erinnerung an die Stimme so lebendig in ihm, als spräche sie noch. Die Pferde trotteten jetzt einen Abhang hinunter, doch trotz des Lärms hörte er die Stimme. Er begann darauf zu lauschen. In dieser Stimme lag Seele. Und dieses Wesen, das tollkühn genug war, in diesen Zeiten eine Seele zu besitzen, war eine Frau. Glücklicherweise für sie, begegneten ihr wohl in neun von zehn Fällen nur Narren. Jedenfalls aber waren die beiden, die ihnen an der Wegkreuzung von Dartmoor begegnet waren, keine Narren gewesen. Er sah noch immer den jungen Mann mit starrem Blick auf dem Abhang stehen und sah wieder, wie sich der Mund in dem Totengesicht langsam belebte und verschönte. Das Schlimme für eine Frau dieser Art war, eine Frau sein zu müssen, das heißt ein Wesen, dessen man sich gerne bemächtigte, ohne sich um das Leid zu kümmern. Wer glaubt noch an das Leid? Nur sie, die wissen muß, was es bedeutet. Nicht alle Dandys sind Narren, und selbst wenn sie es sind, haben sie ein gewisses Ansehen. In den Salons herrscht ein solcher Mangel an menschlichen Gesichtern, daß eine Redingote von Henley oder Schuhe von Soupaut genügen, um die Langeweile zu vertreiben. In dieser Stimme liegt so viel Bereitschaft, daß sie selbst dort, wo es sich nur um eine gutgeschnittene Redingote und ein Paar blanker Lackschuhe handelt, eine Seele vermutet. Die beiden Eigenschaften dieser Frau wird der Dandy, gesellschaftlich gesehen, nur als lästig empfinden; sie werden die Plattheiten verhindern, und er wird darüber spotten. Er wird versuchen, alles, was ihr Ausdruck an Aufrichtigkeit und Leidenschaft verrät, in ihr zu zerstören. Er wird ihr sofort sagen: »Seien Sie weniger natürlich, meine Liebe, man sieht auf den ersten Blick, was Sie denken; verlassen Sie sich nicht auf Ihr Herz, sonst werden Sie für eine kleine Bäuerin gelten. Übrigens ist das alles sinnlos. Vergessen Sie nicht, daß wir seit neunzehn Jahrhunderten Fortschritte gemacht haben und daß es Dampfturbinen gibt.« Wenn dieser Schafskopf schlau ist, was heutzutage oft vorkommt, so wird er sie überzeugen, und sie wird ihre seltenen Vorzüge einbüßen. Und da sie von dem Augenblick an Erfolg haben wird, wird sie sich sagen: Er hat recht; im Grunde war es sehr einfach, sich nicht zu langweilen. Sie wird schließlich noch Gefallen an der Redingote finden, und dann gibt es keine Wege nach Dartmoor mehr. Doch dann muß sie es fertigbringen, ihre Seele ganz und gar zu verlieren; wenn ihr der geringste Rest davon verbleibt, wird sie bald dahin gelangen, denjenigen, den sie liebt, zu verachten. Welch eine leichte Beute muß diese Frau gewesen sein, und wie einfach war es wohl, sie unglücklich zu machen! Sie ist gewiß kaum älter als der Bursche, der sie mit so glänzenden Augen ansah und dessen Mund sich dann plötzlich verschönte. Wenn ich soviel Seele hätte wie sie, würde ich mich als Menschenfeind ausgeben; das wäre die einzige Art, mich zu retten. Mit ein wenig Bescheidenheit und dem unerschütterlichen Ruf, ein schwieriger Mensch zu sein, könnte ich weiterleben. Doch ich bin ein Mann. Einer Frau fehlen unsere Möglichkeiten; sie ist immerfort gezwungen, mutig ihre Schwachheit zu zeigen, und es gibt kein Mittel, die Dummköpfe daran zu hindern, sich ihrer zu bemächtigen und sie anzugreifen. Es ist zuweilen unmöglich für sie, sich zu verteidigen, ja sogar den Wunsch zu haben, sich zu verteidigen, weil die Heckenrosen duften und ein milder Wind weht oder weil die Götter sie mit Schwäche schlagen. Es kam ihm so vor, als müsse er sie kennen und als müsse sie einen so sprechenden Gesichtsausdruck haben, daß nichts dahinter verborgen bliebe. Diese unverhüllte Seele mußte allen Vertrauen einflößen. Aber wußte sie auch, daß in den meisten Fällen die Lauterkeit selbst unlauter ist? Schließlich besann er sich, daß er etwas von ihr erspäht hatte: die kleine Hand, die dem Alten das Zeichen gab, näher zu kommen. Sie trägt Wildlederhandschuhe, dachte er; das war im gleichen Augenblick ein sicherer Beweis für ihn, daß diese Frau bereits gelitten hatte. Sie ist schon sehr unglücklich gewesen, sagte er sich. Was ich vorhin schon dachte, hat sich bestätigt: Sie muß sehr traurig sein und ein bekümmertes Gemüt haben. Sie muß den Schmerz, den Geliebten verachten zu müssen, bereits kennengelernt haben. Bis auf das, was sie als ihre Schattenträume bezeichnet, hegt sie trotz ihrer Jugend keine Hoffnungen mehr. Und selbst diese Träume müssen sie grausam peinigen, weil sie ihr das vorgaukeln, was sie hoffnungslos sucht, das, was sie einmal gefunden zu haben glaubte und was sie dann als einen großen Irrtum erkannte. Jetzt muß sie sich selbst mißtrauen. Sie darf sich auf ihre Gefühle nicht mehr verlassen, und ihre Urteilskraft muß ihr ständig die Gründe für dieses Mißtrauen wiederholen. In ihrer Traurigkeit rechnet sie sich in jedem Augenblick vor, was sie zugleich mit ihrem Wagemut verloren hat; sie muß sich für minderwertig halten. Gewiß ist sie imstande, ganze Tage hindurch regungslos auf einem Sessel sitzen zu bleiben, kaum wissend, wo sie sich befindet. Für das Traumland aber, in dem sie in solchen Augenblicken weilt, empfindet sie so viel Liebe, daß sie es auf die listigste Weise vor aller Welt geheimhält. Sie ist gewiß sehr gut gekleidet, so gut, als sei es ihr Wunsch aufzufallen, doch ihre Koketterie verbirgt das und macht sie anderen Frauen gleich. Das ist es, wozu die Wildlederhandschuhe dienen; andere Gründe kann es dafür nicht geben. Das Unglück einer so offenen Seele ist nicht einmal erhaben, es erwächst lediglich aus dem Verdruß, mit niedrigstehenden Menschen zusammenzuleben und von ihnen ständig betrogen zu werden. Mit ihnen macht die Koketterie keine Freude, oder aber man dürfte keine Seele haben; doch diese Stimme verrät alle Unruhe eines von Leidenschaft gequälten Herzens.

Kurze Zeit darauf sah er am Ende des Tales, in dem sie wieder an die Themse kamen, eine große Herberge am Rande der Landstraße. Er sagte sich, der Hof scheint leer, wir werden im Eßzimmer allein sein, sie und ich. Ich werde sie ansehen, und vielleicht werde ich sogar genötigt sein, mit ihr zu sprechen, auf jeden Fall irgend etwas zu tun. Ich werde die Herberge nicht betreten; ich werde den Postillon fragen, ob es nicht eine Möglichkeit gibt, von der Hintertür aus etwas aus der Küche zu kaufen, um damit in den Futterspeicher zu gehen und es dort zu essen. Ich werde sagen, ich fühle mich nur im Freien wohl.

Doch als die Kutsche im Hofe hielt, sagte er sich, ich muß sie sehen. Er wartete ab, an welcher Seite sie dem Wagen entsteigen werde, um dann an der anderen Seite von seinem Obersitz zu klettern. Er blickte durch die Scheiben, er sah sie. Sie kehrte ihm den Rücken zu, dann ging sie zur Tür der Herberge. Der Wirt kam ihr entgegen; sie schien ihn zu kennen. Sie begrüßte ihn freundlich mit ihrer behandschuhten Rechten. Sie war sehr elegant, und sogar in einem hinreißend schönen Kleide vollkommen natürlich; und als sie so dahinschritt und ihr Gang eine einzige Herausforderung war, spürte man Lust, sie zu beschützen, um sie ungefährdet so weiterschreiten zu sehen. Sie war nicht sehr groß; in ihrem weiten Kleide schien sie recht schmal, und es bereitete allen, die sie darin sahen, eine plötzliche, nicht ganz erklärliche Freude, denn die Krinoline war trotz ihrer Weite so nachgiebig und saß so gut auf den Hüften, daß das Fleisch, das sie verbarg, spürbar wurde. Er hätte ihre Haare sehen mögen, oder wenigstens die Form ihres Kopfes, doch alles war unter einer weiten Seidenhaube versteckt. Vertraulich nahm sie den Arm des Wirtes, der ihr entgegengekommen war und, gestützt auf ihn, betrat sie die Herberge, indem sie mit einem kleinen Sprung wie ein Vogel über die Schwelle hüpfte.

Während der Postillon ausspannte, trat Herman zu ihm und fragte, ob er etwas zu essen kaufen, aber draußen bleiben könne. Das war nicht schwierig, da der andere ihn fragte, ob er vom Meere zurückkomme und Herman ihm mit Ja antwortete und dann plötzlich unvermittelt und zu seinem eigenen Erstaunen begann, ihm eine kleine Geschichte zu erzählen, die gar nicht einmal übel zu sein schien, da der andere, die Riemen in der Hand, mit offenem Munde zuhörte. Gleichzeitig sagte sich Herman: Was soll diese Geschichte, weshalb erzähle ich ihm eigentlich eine Geschichte, als wollte ich ihn für mein ganzes Leben an mich fesseln? Der Postillon begleitete Herman bis zur Küche und verlangte selbst das Essen für den Gefährten, der nicht zwischen vier Wänden eingesperrt bleiben konnte. Auf diese Weise erstand Herman zu wohlfeilem Preise ein Schweinsbein und etwas trocken gewordenen Pudding; er ging damit in den Futterspeicher, von wo er das große Eßzimmerfenster und, darinnen weiter hinten, die Flammen des Kaminfeuers sehen konnte. Lilian mußte ihr wohl den Tisch vor das Feuer gerückt haben, denn er sah ihre Silhouette. Jedesmal, wenn die hohen Flammen zusammensanken und es dunkler wurde, blieb etwas in dieser Dämmerung zurück, das fortfuhr zu leuchten, und wenn das Feuer wieder aufflammte, glich dieser Fleck in der Helligkeit einem herzförmigen Licht. Schließlich sah er, daß es strohblonde Haare waren. Plötzlich erstarrte er; es fiel ihm ein, daß sie vielleicht dortbleiben und nicht weiterreisen werde, sondern am Ziel angekommen sei, und daß er sie dann nicht mehr sehen werde. Ihre Vertraulichkeit mit dem Wirte verriet, daß man sie erwartet hatte und daß man sie kannte. Das Gepäck, das er in London hatte verladen sehen, war noch immer zwischen den hinteren Wagenfedern verstaut, doch vielleicht würde der Postillon sehr bald seine Mahlzeit beendet haben und kommen, um den großen Kasten und die beiden Koffer abzuladen. Oder vielleicht war das gar nicht ihr Gepäck, vielleicht war sie hierhergekommen, um mit jemand zusammenzutreffen. Länger als eine Stunde litt er unter der Einsamkeit. Er sagte sich: Ich muß eine Möglichkeit finden, um im Futterspeicher zu schlafen. Ich werde in der Küche sagen, ich möchte den Preis eines Zimmers bezahlen, aber lieber draußen schlafen. Er war vollkommen außerstande, dieses Haus zu betreten und Gefahr zu laufen, dieser Frau auf den Treppen und in den Gängen zu begegnen und genötigt zu sein, mit ihr zu sprechen, sei es auch nur, um sich zu entschuldigen, wenn sie gleichzeitig an einer Tür anlangten, oder um ihr die Seite des Treppengeländers zu überlassen. Der Futterspeicher war der schönste Fleck der Welt. Sollte sie im Laufe des Nachmittags fortgehen, so mußte er sie sehen. Schließlich kam der Postillon zurück, ging um den Wagen herum und näherte sich dem Gepäck. Er überprüfte die Verknotungen der Stricke, vielleicht, weil er sie lösen wollte. Herman wagte nicht, ihn etwas zu fragen. Er bot ihm eine kleine Manilazigarre an und sagte sich, er müsse den Mann jetzt mit einer schönen langen Geschichte fesseln und ihn ködern, um ihm Lust zu machen, ihm gefällig zu sein. Doch es war ihm unmöglich, so zu erzählen, wie er es tat, wenn er eine Welt in sich entstehen fühlte. Er kam jetzt mehr und mehr zu der Gewißheit, daß sie dableiben werde; er dachte an nichts anderes mehr. Schließlich sagte der Postillon zu ihm, er gehe nun ein wenig in die Ställe. Er sah enttäuscht aus.

Nachdem Herman zwei Stunden damit zugebracht hatte, vor dem Eßzimmerfenster hin und her zu spazieren, ohne jedoch zu wagen hineinzusehen, brachte man frische Pferde und begann anzuspannen. Bald stieg der Kutscher auf seinen Platz und der Bursche warf ihm die Leine zu. Sie kam nicht. Er hatte sich dicht neben den Wagen gestellt. Der Postillon machte ihm ein Zeichen; es war an der Zeit. Er war offensichtlich so in Gedanken, daß ihn der

Postillon am Arm berühren mußte. Doch da erschien sie in der offenen Tür und kam näher; ihre Haube hielt sie in der Hand. Nun sah er ihr Gesicht unter den strohblonden Haaren, es war länglich und blaß. Sie hatte Wangen wie ein Kind; dann blickte sie ihm in die Augen, und ihm blieb nur noch die Erinnerung an eine sehr schöne, unnennbare Farbe und an einen traurigen Mund. Den ganzen Nachmittag über, während sie im Galopp weiterfuhren, versuchte er sich dieses Gesicht zu vergegenwärtigen, doch ihr Blick hatte alles ausgelöscht. Es war Abend, als man durch Marlowe hindurchfuhr. Dann wurde es Nacht und sehr dunkel; kein Stern war am Himmel. Trotz der Finsternis liefen die Pferde ständig im Galopp. Nach einiger Zeit, als man über einen Hügel fuhr, sah man unten in der Tiefe Lichter und dann die Flammen mehrerer großer Feuer. Herman fragte, was es sei. Er war auf alles gefaßt. Der Ort hieß »Vier-Felder«, und am Tage war hier Jahrmarkt gewesen. Die Eilpost hielt vor der Herberge. Unter den Zeltbahnen hingen Lampen, und man war dabei, die Obstkörbe zusammenzustellen; die Viehhändler wärmten sich an den Feuern, die auf den Feldern angezündet waren. Die Herberge war voller Leute; aus den geöffneten Fenstern drang Dampf. Der Postillon trug die beiden Koffer. Herman ging hinter ihm. Sie betrat den Vorraum, doch er war ganz versperrt von den weiten Überröcken, die an den Kleiderhaken hingen, und Mägde mit kirschroten Gesichtern liefen eilig vorbei; sie trugen Türme von Tellern und schrien »Achtung«. Sie machte eine zurückschrekkende Bewegung, doch ohne sich zu besinnen, war er an ihrer Seite. Sie reichte ihm kaum bis an die Schultern. Er war froh, so stark und breitschultrig zu sein. Es sei wirklich kein Platz im Eßzimmer, bis auf einen Fleck nahe der Küchentür, wo es vielleicht möglich wäre, einen kleinen Tisch für sie beide unterzubringen, sagte eines der Mädchen. Nun fühlte er erneut, wie er erstarrte, und er konnte es nicht ändern, ihn fröstelte. In diesem Augenblick standen sie sehr dicht beieinander, zwischen zwei Reihen Bauern, die auf den Bänken saßen. Er hatte seine breiten Schultern quer gestellt, um ihr soviel Platz zu lassen wie möglich, doch er war dennoch genötigt, sie zu streifen, und er konnte es nicht vor ihr verbergen, daß er über den ganzen Körper erschauert war. Er tat so, als hätte ihn jemand gestoßen. Sie sagte: »Gut, setzt den Tisch dort hin«, und sie ging zwischen der Reihe von Bauern hindurch und streifte mit ihrem langen Kleide deren Rücken. Doch sie hielt sich immer sehr gerade und ging mit gleichmäßigen Schritten. Er folgte ihr. Er konnte nicht anders. Er fragte sich, ob er nicht besser daran täte fortzugehen, hinauszustürzen und auf der Landstraße loszurennen. Schließlich saß er ihr gegenüber. Er wagte nicht, sie anzusehen; er wußte nicht, wo er seine Hände lassen sollte. Seine Kehle war trocken geworden wie Holz. Er konnte seinen Speichel nicht mehr hinunterschlucken. Er versuchte, sich zu trinken einzugießen, doch die Bewegung, mit der er den Krug nehmen wollte, schien ihm plötzlich so ungewöhnlich gewagt, daß er innehielt; so saß er, die Hand in der Luft, und er wußte nicht, was er nun damit machen sollte. Sein Kopf war leer; er war eiskalt, von den Füßen bis zum Kopfe, alles, was er zu denken vermochte, war, daß sie nach Weihrauch duftete. Er rang sich zu dem Entschlusse durch, den Krug zu ergreifen, dann goß er sich sehr linkisch Wasser ein.

Der Duft, den sie verbreitete, erinnerte an Tannenharz, doch er war süßer und enthielt ein wenig Vanille. Zwei- oder dreimal versuchte er zu sprechen und ihr die Schüssel zu reichen, doch jedesmal lähmte der Weihrauchduft seine Kräfte wie ein lauer Wind. Er sagte zu sich: Ich muß sie ansehen. Aber er konnte sich nicht entschließen, es zu tun, ehe es ihm nicht gelungen war, mit einer Stimme, die er selbst nicht kannte, »Pardon, Madame« zu ihr zu sagen. Er sah sie an. Glücklicherweise hatte sie in diesem Augenblick ihre Lider gesenkt; ihre langen gebogenen Wimpern schienen ihre Wangen zu streicheln. Ihre Augenbrauen wölbten sich zu den Schläfen hin; ihre schmale Nase verlief länglich und mit einem Anflug von Schelmerei nach unten. Doch als sie die Blicke hob, war er erneut überwältigt durch die unbestimmbare Farbe ihrer Augen. Er hatte nicht die Gewandtheit, sofort die Blicke zu senken oder anderswo hinzusehen, er verharrte verlegen (vielleicht sogar offenen Mundes), und sie war es, die als erste den Blick abwandte. Gleich darauf entdeckte er, daß er tatsächlich mit offenem Munde dagesessen hatte wie ein Tropf. Nun war er so sehr von seiner Hoffnungslosigkeit überzeugt, daß eine Art von Frieden über ihn kam. Während eines kurzen Augenblicks saß ihm niemand mehr gegenüber, nicht einmal eine gewöhnliche Frau, und er war imstande, einige ungehemmte Bewegungen zu machen. Er wagte sogar, sie anzusehen. Er sah, daß sie eine gewölbte Stirn hatte, daß ihre Nase in der Mitte mandelförmig geschwungen war und daß ihre Nasenflügel trotz ihres durchgeistigten Gesichtes eine köstliche Zärtlichkeit verrieten. Sie war leicht und sehr sorgfältig geschminkt, die Haut ihrer Wangen schimmerte wie Perlmutter unter dem Hauch von Rouge. Schließlich wurde er sich der vollkommenen Schönheit dieses Gesichtes bewußt, und er hatte sogar die Kühnheit, festzustellen, daß sie volle glänzende Lippen hatte. Er verspürte ein Gefühl großer Ruhe, ein Ausruhen des Geistes und des Körpers, ein Wohlbefinden, so als sei das Leben endlich behaglich geworden. Er mußte sich sehr wohl eingestehen, daß das Wort nicht ganz glücklich gewählt war, es war jedoch, genaugenommen, Behagen. Sich dieser ungewöhnlichen Schönheit so nahe zu wissen, hinderte ihn nicht mehr daran, zu leben, im Gegenteil, es brachte ihn dazu, zu leben, wie er sich, jemals gelebt zu haben, nicht erinnern konnte. Es gelang ihm jetzt mühelos und natürlich zu sprechen, und als sie sich erhob, grüßte sie mit einem leichten Nicken des Kopfes; er blieb wie angenagelt auf seinem Hocker sitzen und sagte mit einer Totenstimme zu ihr: »Gute Nacht, Madame.«

Da er nun allein war, näherte sich ihm die übrige Welt. Die versammelten Bauern aßen, sprachen und rauchten; am Ende des Raumes wurde halblaut gesungen. Wie Bälle kamen die Mägde aus der Küche und liefen eilig wieder zurück. Noch nie hatte er etwas Schöneres und Schwierigeres aussprechen müssen als dieses: »Gute Nacht, Madame.« Er wiederholte es wohl eine halbe Stunde lang voller Entzücken. Er blickte um sich, ohne etwas zu sehen, er sah auch nicht die junge Magd, die, fast noch ein Kind, im glatten Rock durch die Tür hereinkam und sich ohne Teller oder Kanne einer Gruppe Bauern näherte und mit ihnen zu sprechen begann. Plötzlich, in dem Augenblick, als sie wieder hinausging, hatte er unter ihrer Haube die strohblonden Haare wiedererkannt. Doch schon war sie fort. Er folgte ihr. Der Vorraum war leer. Er sagte sich: »Nein, ich sehe sie ja überall.« Er ging zur Treppe, als ein Zimmermädchen, aus der Wäschekammer kommend, an ihm vorbeiging und vor ihm die Stufen emporstieg. Es trug in der Hand die Reifen einer Krinoline und zusammengefaltet über den Arm gelegt das Kleid, das er so gut kannte. Während er die Treppe weiter hinaufstieg, blieb es im ersten Stock stehen; er hörte das leise Klopfen an eine Tür; eine Stimme fragte, wer da sei. Das Zimmermädchen antwortete: »Es ist das Kleid«, und die Tür wurde geöffnet.

Alles das war schwer erklärlich. Er erklärte es sich während einer Stunde und länger auf die einfachste Weise. Jede Erklärung war die endgültige; doch er begann von neuem und fand eine noch endgültigere. Schließlich gestand er sich, daß das alles wirklich schwer zu erklären sei. Er lag ganz nackt und mit ausgebreiteten Armen und Beinen in seinem Bett und war sehr glücklich und sehr friedlich, und er sah alles klar vor sich, doch er vermochte nicht zu sagen, was, bis auf das schöne Gesicht. Es mußte spät sein; der Lärm in der Herberge war verstummt. Draußen versteiften sich noch zwei Männer darauf zu singen; sie versuchten ihre Stimmen zu vereinigen. Herman schlief nicht; er fühlte sich erfüllt von einer Art Triumph, der dem des Frühlings glich, der Millionen Menschen unwiderstehlich besiegt und schließlich unter seiner Blumenlast erstickt. Ganz allmählich begann er einzuschlafen. Doch als der Schlummer sich ihm schon einige Male näherte, erwachte er in dem Augenblick, in dem er matt wurde und sich entspannte, mit einem Schlage, so als wollte er nicht in jene Welt hinübergleiten, die alles auslöscht.

Aller Lärm war verstummt; die letzten Zuckungen der Feuer draußen schwirrten wie kleine rote Vögel gegen das Fenster. Er sagte sich: Morgen muß ich mit ihr sprechen. Es war äußerst einfach, es zu tun; er brauchte sich ihr nur zu nähern und zu ihr zu sprechen. Es war derartig einfach, daß es fast schon geschehen war. Nun schlief er ein. Doch beim Erwachen besann er sich, daß er sie am Abend des gestrigen Tages gestreift hatte, als sie beide, zwischen den Rücken der Bauern stehend, warteten, daß man den kleinen Tisch in die Nähe der Küchentür rücke. In dem Augenblick, als er erschauerte, war er so gegen sie gepreßt, daß er mit seinem Arm ihren Busen streifte; als sie atmete, sagte er sich ganz verstört, berührte mich vielleicht ihre Brust. Er stellte sich vor, wie die nackte und zarte Brust im Schatten des Mieders ruhte. Danach gab es tatsächlich keine Möglichkeit, mit ihr zu sprechen. – Doch während man die Pferde anschirrt, geht er plötzlich auf sie zu und sagt zu ihr: »Ich habe Sie gestern abend wiedererkannt, Sie können sich niemals verkleiden, ich ...« Er hält inne. Sie ist sehr blaß geworden, sie droht umzusinken. Kaum atmet sie noch. Er sieht ihre Augen, sie sind ganz tabakfarben mit grünen Lichtern. Doch sie schließt sie und sagt mit leiser Stimme: »Und Sie, Sie verkleiden sich auch schlecht«, und der Ernst der Stimme ist so schmerzbewegt, daß er sofort, fast schreiend, antwortet: »Aber ich bin ja nicht verkleidet.«

Es mußte ein Mißverständnis vorliegen. Sie sah ihn vom Kopf bis zu den Füßen an. Sie war jetzt nahe daran zu lächeln. Er war schrecklich fassungslos! »Dies ist die Kleidung, die ich gewöhnlich trage«, sagte er. »Ich bin wirklich Seemann, wenn ich auch seit einigen Jahren nicht mehr zur See fahre. Ich habe mich auf diese Art gekleidet, um es bequemer zu haben.« Und da sie lächelte, fügte er hinzu: »Aber was haben Sie schlecht daran gefunden, ich meine schlecht verkleidet?« – »Ihre Zigarren«, sagte sie. Er betrachtete die, die noch zwischen seinen Fingern brannte. »Das sind kleine Pireirras«, sagte sie, »von der Compania di Charutos, ich kenne sie, mein Mann rauchte sie seinerzeit, als er alles nachmachte, was mein Bruder tat, das sind keine Zigarren für Seeleute.« – »Das stimmt«, erwiderte Herman, »obwohl dort, an den Küsten, von wo sie stammen, die Seeleute welche rauchen; dort habe ich Geschmack daran gefunden.« – »Sie sind also wirklich Seemann?« – Noch immer klang ihre Stimme besorgt. – »Ich bin es wirklich, ich kann Ihnen meinen Namen nennen, um jeden Zweifel zu zerstreuen.« Sie stimmte mit einem Kopfnicken zu. »Ich heiße Melville, Herman Melville.« Schweigend dachte sie einen Augenblick über den Namen nach, dann fragte sie, ob er der amerikanische Schriftsteller sei. Er bejahte. Jetzt wurde das Lächeln echt; ihr Mund und ihre Augen erblühten. »Sind Sie beruhigt?« fragte er. – »Sah man, daß ich es nicht war?« – Er antwortete: »Sie sind blaß geworden und atemlos, und ich fürchtete, Sie würden umsinken.« – »Ich hatte aber das Gefühl, ich hätte mich wacker gehalten«, sagte sie, als spräche sie zu sich selbst. Wirklich, sie schien rücksichtslos ihre ganze Schwäche auszunützen, offen und ohne Berechnung. »Was fürchteten Sie?« fragte er. – »Ich kann Ihnen nicht antworten. Es ist nur sehr gut für mich, daß Sie Herman Melville sind.« Sie berührte seinen Arm und ließ ihre Hand darauf, als wolle sie sich auf ihn stützen. »Seit gestern fürchtete ich Sie«, und da er sie fragen zu wollen schien, fuhr sie fort: »Ich werde es Ihnen erklären, kommen Sie, wir wollen jetzt einsteigen. Ja, ich werde zu Ihnen da hinaufkommen, nach oben. Es sind heute zuviel Leute im Wagen.«

Alles das hatte sich zwischen ihnen beiden abgespielt, während schwerfällige Bauern in den Wagen stiegen; der Postillon und der Kutscher luden Pakete und Gepäckstücke auf.

Sie hatten sich auf die erste Bankreihe gesetzt, auf die, welche sich unmittelbar über dem Sitz des Kutschers befindet. Vom großen Wagenverdeck kaum geschützt, reisten sie nun beide gemeinsam, die Gesichter nach vorne gerichtet, durch das weite waldige Land und in den Himmel hinein. In der Höhe der großen Baumäste jagten sie im Galopp durch den Wald. An ihre Seite hatten sich zwei Bäuerinnen gesetzt, und ein Mann, der wohl Hirte war, denn er trug ein Wams aus Schafleder, das Fell nach außen. Sie saßen dicht aneinandergedrängt. Im Augenblick des Niedersetzens hatte sie mit der Hand unter den Rock gefaßt und den Reifen der Krinoline entfernt. Als sie sich neben ihn setzte, hatte er die Form ihrer Knie durch den nun seiner Stütze beraubten Stoff erkannt, und jetzt berührte sie ihn; er berührte sie mit seiner Hüfte und mit seinem Bein. Der Morgen senkte sich auf die Erde, wie sich die grünen Zweige der Weiden auf das Wasser senken, und zitternde Inseln fließenden Lichtes breiteten sich über Wiesen und Wälder; sie wirbelten wie goldene Staubwolken an den Gräsern und Zweigen empor. Im Lärm der Räder war es unmöglich, miteinander zu sprechen. Doch von Zeit zu Zeit, wenn neue leuchtende Hügel aus dem Nebel auftauchten, blickten sich beide an. Das Land, durch das sie jetzt fuhren, war gebirgig und herb. Schon waren die Pferde mehrere Male im Schritt gegangen; schließlich, als das Tal hinter ihnen lag, erklommen sie eine lange Anhöhe, und es mußte den Pferden leichter gemacht werden. Der Wagen hielt und alle stiegen aus. Er ging neben ihr, sie hatte ihren weiten weichen Rock mit der Hand gerafft. »Wohin reisen Sie?« fragte sie. – »Ich weiß es nicht«, sagte er. »Ich überlasse es dem Zufall.« – »Das zu wissen hätte mir manches erklärt«, sagte sie. »Ich hätte wirklich vermeiden können, mich zu fürchten.« – »Hielten Sie mich für einen Räuber?« – Sie lächelte und ihr Gesicht wurde kindlich und bekam einen sehr reinen, weltentrückten Ausdruck. »Nein, ich hielt Sie eher für einen Gendarm.« – »Ich wußte nicht, daß die sich auf diese Art kleiden.« – »Die kleiden sich auf alle mögliche Weise, sie hüllen sich sogar in Wolken. Ein Dichter sollte das wissen. Erinnern Sie sich an Lady Macbeth? Weshalb sind Sie eigentlich an einem Dienstag gereist?« – »Weil mir an einem Dienstag der Gedanke kam, zu reisen.« – »Sie haben doch ein bestimmtes Ziel?« – »Gewiß, ja, und Sie?« – »Ich, ich habe immer ein bestimmtes Ziel.«- »Wohin reisen Sie also genau, Madame?« – »Betrachten wir es als ein Spiel, sagen wir also nach Monmouth.« – »Dies ist kein Spiel«, sagte er, »genau dahin will auch ich. Das ist spaßig, nicht wahr?« – »Das, was ich gerne wüßte«, sagte sie, »ist, wann Sie mir die Wahrheit sagen werden, weshalb Sie am Dienstag die Post von Gray's Inn genommen haben!« – »Ich merke, daß wir jetzt zum Kern der Sache kommen«, sagte er, ich lüge nie, ich werde ganz gewiß nicht in einer so wichtigen Sache lügen. Ich fuhr mit der Post von Gray's Inn, weil sie in meine Richtung fuhr.« – »Nein, mein Herr«, sagte sie,

»Sie sind gerade mit der Post gefahren, die nicht in Ihre Richtung fuhr; die direkte Post nach Bristol fährt dienstags von Hatton Garden ab. An diesem Tage macht die von Gray's Inn einen Umweg über ›Vier-Felder‹. Was sagen Sie jetzt?« – »Jetzt sage ich, daß man vergessen hat, die Vereinigten Staaten davon zu benachrichtigen, Madame. Immer diese Verachtung und Gleichgültigkeit Europas den armen Amerikanern gegenüber! Stellen Sie sich vor, daß wir das in Massachusetts nicht wußten!« – »Für Sie ist es leicht zu spotten, aber was soll ich sagen? Ich fahre am Dienstag mit dieser Post, um allein zu sein, und nun muß ich gerade einer Rothaut begegnen! Sie sind weder ein Kaufmann noch ein Bauer, noch ein Einheimischer, ja nicht einmal ein gewöhnlicher Mann. Ich habe Ihnen gestern abend zugelächelt, und Sie haben dagesessen wie ein Stück Holz.« – »Wann?« – »Das fragen Sie noch? Einigen wir uns darüber«, sagte sie, »Dichter tun die seltsamsten Dinge auf die selbstverständlichste Weise.« – »Dann müssen Sie also eine große Dichterin sein«, sagte Herman, »aber kommen Sie, man ruft uns. Es ist Zeit, daß wir wieder auf unseren Hochsitz klettern.«

Sie fuhren über eine kahle trostlose Hochfläche. Die Reisenden begannen da und dort auszusteigen; in Dörfern, an Bauernhöfen, an entlegenen Häuschen, und selbst in der Einöde hielt der Postwagen; der Mann neben ihnen stieg ab und ging allein fort.

Man sah weit und breit keine Häuser, weder zur Rechten noch zur Linken. Nach und nach leerte sich der Wagen. Die schlechten Straßen dieser Hochfläche lagen verlassen da; man fuhr im lustigen Galopp darüber hin. Die Erde war weich; das Rollen der Räder und die Hufschläge der Pferde klangen gedämpft. Über der reglosen Ferne erblickte Herman ein seltsames Leuchten. Das dampfende Laub der verstreut liegenden Wälder erinnerte in diesem Licht an ein Widderfell; die rostroten Wiesen breiteten sich wie Wollteppiche über das Land. Nun begann Herman ihr von der Welt da vor ihnen zu sprechen. Er rollte den Himmel von einem Ende zum anderen auf, als sei er aus farbiger Seide, und während eines kurzen Augenblicks gab es keinen Himmel mehr. Es dauerte vielleicht den Zeitraum von vier Hufschlägen im Galopp, dann entrollte er den Himmel wieder, doch jetzt hatte er sich in ein riesiges Fell verwandelt, das sogar die Arterien und Venen verdeckte; Herbstgewitter drohten im ganzen Umkreise der Hochfläche. Er zeigte ihr zwischen schneeigen Wolkenbergen einen sichelförmigen Himmelseinschnitt, der einem dunkelgrünen Blatte glich; durch die Farbe hindurch sah man, wie sich die Tiefe des weiten Himmels öffnete. »Erinnern Sie sich, je ein Lorbeerblatt in der Hand gehalten zu haben?« – »Ja.« – »Entsinnen Sie sich auch der Farbe dieses Blattes?« – »Ja.« – »Dunkel wie die Nacht?«- »Ja.« – »Aber dennoch grün?« –

»Ja.« – »Ein Grün, das aus großer Ferne zu kommen scheint und aus der Dunkelheit emportaucht, so als sei das Blatt eine Welt?« – »Ja.« – »So als öffneten sich in dem Blatt seltsame Tiefen?« – »Ja.« – Und plötzlich hielt sie den sichelförmigen Himmelseinschnitt in der Hand; sie glaubte zu spüren, wie sich die Abgründe des Himmels in ihrer Hand vertieften, sie waren dicht vor ihren Augen. Es war nicht mehr die gewohnte Welt, in der sie winzig klein ist und der Himmel unbegrenzt – nein, jetzt kennt sie keine Grenzen mehr, und der Himmel da vor ihr ist winzig klein. Und das alles nur, weil sie einmal ein Lorbeerblatt in ihrer Hand gehalten hatte, dessen Fleisch dem unendlichen dunkelgrünen Sandstaube gleicht, aus dem die Nacht besteht und besonders, weil eine Stimme sie geheißen hatte, die beiden Bilder miteinander zu verschmelzen und sie zu beleuchten. Er ließ die Wälder herankommen; hatte sie jemals einen Wald gesehen, wie er ihn ihr zeigte? Nein. – Er stellte ihn auf den Kopf, drehte ihn nach rechts und links, nach Ost und West, zeigte ihr die Geheimnisse des Nordens und Südens, das Moor, die Pilze, den Geruch, die Farbe. »Hatten Sie ihn gesehen?« – »Nein.« – »Haben Sie ihn gesehen?« – »Ja.« – Er stellte die Wälder an ihren Platz zurück; sie entfernten sich, wurden kleiner und ruhten wieder am Rande des Horizontes. – Hatte sie wohl die Birken mit ihrer an das Fell eines Pferdes erinnernden Rinde gesehen? – »Nein.« – Er rief die Birken. Die Birken kamen. Sie hatte sie nicht nur so dicht vor Augen, als habe sie sich auf irgendeinem Felde an ihren Stamm gelehnt, sie hatte sie in ihrem Herzen. Er nahm den Baum mit seinen süßen Säften, seinem Rauschen, seinem Duft, seiner Gestalt, seinen Blättern, seinen vier Jahreszeiten, und man wußte nicht, wie er es fertiggebracht hatte, doch der Baum war in ihrem Herzen, und gleichzeitig konnte sie seine Rinde streicheln, und nie hatte sie ein so köstliches Gefühl gehabt wie das ihrer leeren Hand, die die Birke zu berühren meinte und verspürte, was sie ihr zu sagen hatte. Er sagte zu ihr: »Sehen Sie das Wasser dieser kleinen Sümpfe«, und das Wasser kam näher, mit seinem Schilf, seinen verschneiten Weiden, seinen Fröschen, seinen Wasserhühnern, seinen Enten, seinen Eisvögeln, mit seinen Vogelfedern, seinen wolligen Schilfblüten, seinem teerfarbenen Schlamm und seinem regenfeuchten Dunst. Er sagte: »Warten Sie, bleiben wir bei dem regenfeuchten Dunst. Sie werden sehen.« Er ließ zwar alles Vorhandene als Unterton mitklingen, er dämpfte nur das Register, so als habe sein Fuß für einen Augenblick das Pedal der großen Orgel verlassen; die Vögel, die Fische, die Frösche, der ganze schlammige Sumpf und das Schilf summten als Baßbegleitung mit und tönten in den Tiefen des Weltgewölbes fort, während er den regenfeuchten Dunst gleichsam als Fuge aufklingen ließ.

Längst verrauschter Regen, der seit Jahrhunderten über die Länder der ganzen Welt niedergegangen war, richtete sich empor, gleich den Halmen eines unübersehbaren Getreidefeldes. Sie hörte den Regen ihrer Kindheit rauschen und sah sich am Sonntagnachmittag auf dem Speicher, in dem es nach Ratten und den verstaubten Fortsetzungsheften alter Ritterromane roch, zwischen den Federn von Wanduhren, deren Zeitmaß zerstört war, zynischen alten Automaten, die sich nicht mehr bewegten, und mit Ziegenfellen bezogenen Truhen; im Geruch der nassen Dächer und des Regens, der auf die stille Stadt niederfiel, während alle Welt in der Kirche war. Er verlieh ihr ein Dasein, das nicht nur das einer Frau an der Seite eines Mannes auf dem Verdecksitz der nach Bristol fahrenden Eilpost war, sondern das einer unumschränkten Herrin der Zeit; er verlieh ihr ein Leben in seiner Welt. Sie verspürte es wohl, daß er im Begriff war, sie in seine Welt einzulassen. Sie war sich ganz klar darüber, daß er, wenn er (wie gestern) stumm und unbeweglich war, wenn er von ihr getrennt war (wie gestern zum Beispiel, als sie ihn noch nicht kannte und er stumm hier oben, während sie allein im Inneren des Wagens saß), als er noch mit keinem Verbindung hatte, daß er dennoch die Welt so sah, wie er sie jetzt sah und wie er von ihr sprach; er konnte auch den Regen heranrufen, für sich ganz allein. Jetzt hatte er den Regen für sich und für sie herangerufen; er ließ sie an seiner ureigensten Welt teilhaben, die nun ganz selbstverständlich auch ihre Welt wurde; sie wurde so ihre ureigenste Welt, daß sie oft errötete über alles, was dieser Mann von ihr und von ihrem geheimsten Leben zu wissen schien. Sie erinnerte sich kühner Jungmädchenträume, die sie streng in ihrem Herzen bewahrt hatte und von denen der Unbekannte von gestern zu ihr sprach. Verschwinde, feuchter Regendunst; zurück in die Erde, Ernte vergangener Regen! Seht nur: die Sümpfe steigen empor; und durch die Wasser hindurch kann sie wie durch farbige Gläser blicken; der Teppich der Felder rollt sich um die großartigen Rittergestalten ihrer Träume, die herbstlichen Wiesen schmücken die Wände all der Zimmer ihrer Kindheit, in denen sie fieberkrank gelegen hatte. Wälder und Haine, Buschwerk und hohe Bäume, durch die Last ihrer Vogelschwärme entwurzelt, umwirbeln sie wie die weiten Tücher, in die man sie hüllte, wenn sie in später Nacht im Dogcart ihres Großvaters in die Ferien gefahren wurde; es wollte ihr fast scheinen, als seien einige Erdkrumen, die zwischen den Wurzeln hingen, auf ihr Kleid gefallen, und sie machte eine Handbewegung, wie um sie fortzustreichen. Als schließlich die Mittagsstation erreicht war, sagte sie, während sie vom Wagen stieg: »Ich bitte Sie, reichen Sie mir Ihren Arm, ich bin ganz trunken.«

Stumm aßen sie am gleichen Tische.

»Mein Gott«, sagte sie, »Sie sind ja plötzlich so blaß geworden! Unter Ihrem Bart sehen Sie ganz wächsern aus!«

Er hatte eben gedacht, daß er auf der ganzen Welt nur sie hatte. Ohne zu antworten, blickte er sie an. Sie sagte sich: Ich tat Unrecht, ihm von seiner Blässe zu sprechen, er scheint an einem der orientalischen Fieber zu leiden, die plötzlich auftreten. Er muß sich vielleicht in einer Herberge niederlegen, und ich werde ihn pflegen.

Er sagte sich: Sie ist da, gewiß, doch sie kann fortgehen. Heute oder morgen wird sie ihrer Wege gehen, vielleicht werde ich sie verlieren. Weshalb sage ich vielleicht? Ich werde sie gewiß verlieren. Er stellte sich dabei eine andere als die wirkliche Welt vor, in der er sie nicht verlieren würde. Es wäre gut, wenn die Luft eine unsichtbare, aber feste Mauer wäre, in der ich eine Tür wüßte. Er stellte sich vor: er öffnete diese Tür, und dahinter lag eine andere Welt. Er sagte: »Kommen Sie, Madame.« Sie kam. Er schloß die Tür hinter ihr, und nun waren sie beide in einem Lande, einem unwirklichen Lande, in dem er sie allein und sie nur ihn kannte. Untrennbar verbunden.

An diesem Abend machte die Post zwischen Henley und Cricklade Station für die Nacht. Man fuhr nicht weiter als bis zur Herberge »Queen Elisabeth«, wo man gegen vier Uhr anlangte; der Weg nach Cricklade war zu weit und führte durch eine unbewohnte Gegend. Zu wiederholten Malen hatte es gebrochener Achsen wegen Zwischenfälle gegeben, und die Reisenden waren gezwungen gewesen, sich ohne Abendessen die ganze Nacht an Reisigfeuern zu wärmen. Na, so etwas! Der Kutscher und der Postillon wurden es gar nicht müde, diese Feldlager in den schwärzesten Farben zu schildern. Sie legten besonderes Gewicht auf das »fehlende Abendessen« und daß gegen vier Uhr früh »selbst das Reisig zu Ende ging«. Und dann war es viel zu weit für die Pferde! Tatsächlich gab, wie man sich erzählte, Jeremiah von der »Queen Elisabeth« dem Fuhrunternehmer der Post »einige Prozente«. Die Postillone und Kutscher hatten, wie sie sagten, für einen Trunk im Stehen nicht viel übrig, sie waren mehr für einen Sitzschoppen, das heißt einen gemütlichen Umtrunk nach beendetem Tage und möglichst umsonst. Und damit war Jeremiah freigebig, und er war zu allen freundlich. Noch bei Tageslicht anzuhalten war recht angenehm, und es blieb noch eine gute Stunde hell. »Im allgemeinen«, sagte Jeremiah, »sind mir die Gentlemen dankbar dafür, daß ich ihnen Gelegenheit gebe, sich die Beine zu vertreten.« Die Gegend war nicht besonders großartig; im Dämmerlicht des Abends sahen sie eine eintönige kahle Ebene, die an allen Seiten von Nebelschwaden eingeschlossen war. Der Boden der herbstlichen Wiesen war dick wie ein rotbrauner, mit Herbstzeitlosen übersäter Wollteppich. Der darauf gesetzte Fuß versank in der federnden Weichheit. »Sehen Sie«, sagte Herman, »hier diese Wiesen, auf denen fühlt sich der Fuß des Engländers so wohl. Kommen Sie, wir wollen spazierengehen.« – »Warten Sie einen Augenblick«, sagte sie, »so schnell geht das nicht. Ich kann nicht gleich tanzen, wenn gepfiffen wird. Ich muß mich vorbereiten.« Sie zog die Reifen ihrer Krinoline heraus; nun fiel ihr Rock ganz glatt um ihre kindliche Gestalt. Ja, trotz ihres schönen Haares hätte man sie für einen Knaben halten können. Doch ihre sehr weibliche Brust und dieses bis zur Erde reichende lange Kleid, dessen Falten sich am Boden bauschten, machten sie zu einem reizenden Kinde, das man auf ein Podest stellen müßte. – »Frauen brauchen immer Vorbereitungen«, sagte er. »Sie sind sehr gut so, man könnte meinen, Sie seien die Madonna von Lima. Nichts bleibt zu wünschen übrig. Sie brauchen keine Vorbereitungen. Kommen Sie, wir werden einen zauberhaften Spaziergang machen.« Nun gab sie die Krinolinenreifen dem Burschen, der ihr Gepäck forttrug, und raffte die dichten Falten ihres Rockes. »Also gut«, sagte sie, »gehen wir.« – »Na also«, sagte er. (Nach hundert Schritten umhüllte sie der Nebel.) »Sehen Sie, alles ist verschwunden, nichts ist mehr da, weder Wagen noch Herberge, noch Menschen. Vorwärts!« – »Sie sind sehr unternehmungslustig, Seemann«, sagte sie, »vergessen Sie nicht, daß sich fünf Meter Kleiderstoff um meine Beine wickeln. Vorwärts also, aber nicht zu schnell.« – »Strengen Sie sich noch ein wenig an«, sagte er, »ich reiche Ihnen nicht den Arm, denn es ist nötig, daß Sie ganz verlassen sind. Sind Sie ganz verlassen?« – »Ich bin vollkommen verlassen«, sagte sie, »mein Kleid rollt sich um mich wie Borke, in fünf Minuten werde ich gleichzeitig verlassen und gefangen sein wie ein Baum auf freiem Felde.« – »Dann ist alles in Ordnung«, sagte er. »Wenn meine Mutter zwei Heller verlor (meine Mutter war eine ungewöhnliche Frau), wenn sie also zwei Heller verlor (oh, natürlich, nachdem sie wochenlang überall viele Male gesucht hatte, ja, wochenlang), sagte sie nach erschöpfendem Kampfe: Sie sind nicht für die ganze Welt verloren. – Ich war ein kleiner Junge, und diese Art, die Dinge zu sehen, hat mich sehr beeinflußt. Ich versichere Ihnen, wenn Sie meine Mutter gekannt hätten (ich wäre froh, wenn Sie sie gekannt hätten), dann hätten Sie in dem, was die Heller, ihre Zoologie, ihre Anatomie und Astrologie, anbelangt, gleich mir die Gewißheit gehabt, daß sie darin vollkommen beschlagen war. Sie war die Kassandra der Heller; sie hatte die Gabe, ihre Zukunft vorauszusehen. Ich habe mich lange Zeit gefragt (könnten Sie trotz allem noch ein paar Schritte weiter gehen? Man braucht zwar keinen Nebel, doch wenn er einmal da ist, dann soll er nur recht dicht sein), ich habe mich also lange Zeit gefragt, welches wohl der Ort sein könnte, an welchem selbst meine Mutter die zwei Heller vergeblich gesucht hatte, denn sie waren wohl vorhanden (da sie es sagte, war nicht daran zu zweifeln), und ob das vielleicht auch ein Zufluchtsort für die Menschen war? Haben Sie niemals Sehnsucht nach einem Ort gehabt, der den Mächten der Welt nicht erreichbar ist, ja, nach einer Art Asyl wie die Kirchen der Merowinger? Und jetzt nehmen Sie meinen Arm.

Ich habe mir oft gesagt, daß man eines Tages auf irgendeinem Wege, ohne sich dessen bewußt zu werden, eine geheimnisvolle Grenze überschreitet. Mir will scheinen, daß wir eben, ja genau in diesem Augenblick, während wir dahinschritten, gemeinsam einen Widerstand im Luftraum bezwungen haben. Achtung, von diesem Augenblick an sind wir beide ganz allein und unlösbar verbunden. Haben Sie es nicht auch gehört, das kaum vernehmbare Geräusch? Ich hätte gern eine Antwort von Ihnen. Nein, lassen Sie meinen Arm nicht los. Verzeihen Sie, ich glaubte, Sie wollten ihn loslassen. Ja, stützen Sie sich so fest auf mich, wie Sie wollen. Sprechen Sie nicht; ich glaube wirklich, daß wir soeben auf die andere Seite gelangt sind. Ich kenne den Weg nicht wieder; er macht einen Bogen um einen Hügel, den wir noch niemals gesehen haben. Dahinter liegt eine fremde Stadt. Lieben Sie das Gebirge? Die Stadt liegt auf den Abhängen dieses Gebirges. Der Himmel ist vollkommen blau. Es ist töricht, das zu sagen, doch es ist so; in sehr großer Höhe, genau in der Mitte der Mondbahn, pfeifen die vereisten, wie Wolfszähne gespitzten Berggipfel im Winde. Hören Sie nur! Wohlgemerkt, es ist schwer zu erkennen, daß der Wind dieses Geräusch verursacht; dieses Pfeifen ist uns ganz unbekannt. Nicht wahr, wir haben noch nie einen ähnlichen Wind gehört? Die Bäume dort oben, die Hecken, die Felder, nichts erinnert uns an die Bäume oder Felder, wie wir sie schon gesehen haben; nein, nichts verbindet sie mit unseren Erinnerungen, und unsere Erinnerungen verblassen. Wir haben niemals etwas gesehen, das dem gleicht, was wir jetzt gemeinsam sehen, und ganz selbstverständlich wird das Leben, das wir bisher lebten, ausgelöscht.

Doch während wir weitergehen, haben die Berge den Horizont umzogen und haben hinter uns den Kreis geschlossen. Das sind die Neger-Mammis (Oh, schon lange, ehe man sie wie aufgeblasene Seidenballons, mit weißen gestärkten Faltenhauben auf dem Kopfe, die jungen Gentlemen betreuend, in Princetown sah), nein, das sind nackte Neger-Mammis, die, auf diese Weise wie spielend, langsam ihre Kleinen mit ihren Armen umfangen: oh, für sie ist es das herrlichste Spiel der Welt. Sie haben einen Namen dafür, der bedeutet »Nie mehr«, und so nennen sie das Spiel. Wenn man es recht bedenkt, ist es so weise und enthält in sich allein so trefflich die Verwirklichung aller menschlichen Wünsche, daß dieses Spiel wohl den Urzeiten entstammt. Es dürfte das erste schmerzlich erhabene Spiel gewesen sein, das Adam und Eva am ersten Strande gespielt haben, den sie nach dem Verlassen des irdischen Paradieses fanden. Sie werden es mir nicht ausreden, daß es die Meereswogen waren, die an den Nachmittagen, während das Wasser unablässig die Seiten des großen blauen Buches eine nach der anderen am Strande umblätterte, die Neger-Mammis dieses Spiel lehrten. Das schwarze Kind steht vor seiner lauernden Mammi; sie streckt die Arme aus und bewegt sich nicht. Sie scheint sich nicht zu bewegen, so wie es vorhin schien, als sei das Gebirge unbeweglich, doch ihre Arme nähern sich unmerklich und umfangen das Kind. Es wartet zitternd, es hat Furcht, und es freut sich, das kitzelt, und gleichzeitig bekommt es Lust, davonzulaufen, und wünscht doch, oh, wie sehr es wünscht, daß es soweit wäre. Was? Alles, es weiß nicht, was, und es wartet, ohne sich zu rühren, mit schwerem Herzen, dessen harte Schläge unter seiner Haut spürbar sind. Nun schließen sich die Hände ganz langsam hinter seinem Rücken. Endlich! Ach, es ist endlich vom Glück gefangen, und es verbirgt den Kopf an der Brust seiner Mammi; es bekommt eine platte Nase an der schwarzen Brust, es schließt die Augen, es entflieht der Welt, weit, weit, mit einem heißen Kopf, der schwer ist und brummt, der trunken ist, verwirrt, alles! … Gerettet! Nie mehr nackt, nie mehr allein, nie mehr schwach, nie mehr kalt, nie mehr all das andere, nur noch diese trunkene Freude! Und so haben sich auch die Berge hinter unseren Rücken geschlossen. Nie mehr! Wollten wir uns jetzt von hier entfernen, so geschähe es, längs der vereisten Felsen, überall mit Lebensgefahr.

Aber die Stadt: haben Sie als Kind jemals mit Würfeln gespielt? Nun, die Häuser sind wie diese Würfel, mit denen Sie sich beschäftigten; sie bauen sich in Stufen am Berge auf. Es herrscht eine herrliche Stille. Nur von Zeit zu Zeit bildet das dunkle Wasser, das von den Gletschern herabsickert, eine kleine Quelle zwischen zwei Glimmerfelsen, während der übrigen Zeit hat man Muße, die Stille zu genießen; dann öffnet jemand, sehr weit oben oder sehr weit unten, eine Tür, um hinauszutreten und sich an der Schwelle, auf der verfilztes Gras wächst, in der Sonne zu wärmen. Das ist die Stadt! Oh, ich weiß es, denn ich habe sie lange ersehnt. Die Männer und Frauen der ganzen Welt haben nach und nach in ihrem Inneren, Stein auf Stein, diese Stadt gebaut. Und sie haben sich dieses Gebirge geschaffen, welches das alte Spiel ›Überraschenden Glückes‹, das Spiel des ›Nie mehr‹ zu spielen weiß; da aber die ganze Welt mehr Weisheit besitzt als eine

Negerin (wer weiß, vielleicht auch nicht, es wäre besser zu sagen, da die Wünsche der ganzen Welt stärker sind als eine Negerin), umfangen sie uns mit ihren unvorstellbaren Gletschern, und es ist wirklich das Spiel ›Nie mehr‹. Alle Welt ist sich unbewußt darüber klar, daß sich das Glück aufdrängen muß, denn sonst, ach, wie schnell hat man es verloren! Wenn es sich nicht mit der Gewalt unbezwinglicher Berge aufdrängt, versuchen wir immer, ihm wie das Wasser durch die tiefsten Täler, die finstersten Höhlen und die widerlichsten Dachslöcher zu entkommen, um unser totes Gewicht da hineinsinken und es mühelos den Abgrund hinabgleiten und verschwinden zu lassen. Doch jetzt hat uns das Glück überrascht, es hat uns mit seinen Gebirgskämmen, die Wolfszähnen gleichen, eingeschlossen. Ja, Sie müssen wissen, daß die jahrtausendealten Sehnsüchte der Welt die Dinge seltsam gestaltet haben, doch sie haben sie gut gestaltet.

Soweit, was das Herz betrifft! Was den Kopf anbelangt, so ist das eine andere Sache. Der Kopf spricht. Das Herz, bedenken Sie wohl, ist stumm. Es ist in der Brust und gleicht einem Paar kleiner Holzschuhe, klapp, klapp, klapp, auf einem Wege, dem es stumm folgt. Der Kopf geht nirgends hin, er ist an seinem Platze verwurzelt, prüft unaufhörlich und stellt Fragen. Kennen Sie wohl den schlechtesten Streich, den man einem Kopfe spielen kann? Ihn durch Herrlichkeiten verwirren. Man muß das mit ihm tun, was wir mit einem Kerl machten, als wir von den Bahamas heimkehrten. Wir kamen mit wehenden Wimpeln und mit gefülltem Schiffsraum heim. Das Schiff glitt dahin wie ein Sofa; wir brauchten nur zu trinken, zu essen, zu schlafen, zu singen und es uns wohl sein zu lassen. Der betreffende Kerl – ich glaube, das Nichtstun war schuld an seiner schlechten Laune – fängt plötzlich an, sich zu erinnern, daß er mal, ich weiß nicht, was für ein, Doktor war oder daß einer seiner Freunde Doktor war, oder daß er ein Diener oder so etwas Ähnliches in einer Medizinschule war; jedenfalls fing er plötzlich an, uns zu bedoktern, wieder zu bedoktern und zurechtzustutzen. Und wieder war es ein Neger, der es ihm besorgte. Er brachte ihm eine von den schön aussehenden Scheußlichkeiten, von denen man, wenn man nur Lust hat, soviel aus dem Meere fischen kann, wie man will, eines von diesen Lebewesen, die zugleich die schönsten und abscheulichsten der Welt sind. Stellen Sie sich etwas Weiches vor, naß, durchsichtig, formlos, und in der Mitte dieser nicht vorhandenen Form zwei sehr schöne, vollkommen menschliche Augen mit Lidern, mit langen geschmeidigen Wimpern, einer goldschimmernden Iris und das Weiße im Auge etwas bläulich wie bei Aristokraten; Augen, wie sie zuweilen ein Vater hat, der mit vorwurfsvollem Blick sagt: Also, mein Junge, damit vertreibst du dir die Zeit. Ja, also davon hat ihm der Neger ein paar Hände voll in den Schoß geworfen (der andere saß am Fuße des großen Mastes), und er hat kein Wort dazu gesagt (oder wenigstens nur etwas in der Negersprache), und er ging ganz steif weg und schwankte, denn es wehte ein frischer Wind. In seinem Gang lag etwas Endgültiges, so als sei es eine abgeschlossene Sache. Es war auch eine abgeschlossene Sache. Der andere betrachtete die schönen Augen – die waren wie, warten Sie, die waren wie Dichteraugen, aber eines Riesendichters (er war, Gott mag wissen, aus welcher Meerestiefe emporgestiegen). Ich sage Ihnen, er betrachtete diese sehr schönen Augen in Kalbsgallerte, und dann hielt er für alle Zeiten das Maul. Geheimnisse bleiben Geheimnisse.

Stellen Sie sich also vor, daß wir, nachdem wir die Stadt im Gebirge gesehen haben, zueinander sagten: Dies alles ist sehr hübsch, doch nun wollen wir essen gehen. (Die Köpfe sind durchaus imstande, das zu sagen, denn nur das Herz nährt sich von dem Schweigen der weiten Weideflächen am Fuße der Gletscher.) Wir langen in der Herberge an. Sie sagen zu mir: Finden Sie nicht, daß die Leute einen merkwürdigen Eindruck machen?! – Ich antworte Ihnen: Ja, wirklich, es ist eigenartig, ich hatte es vorhin gar nicht bemerkt. Warten Sie, ich frage, was wir heute abend essen werden und wo unser Kölsch ist. – Ich frage es auf die natürlichste Weise, die mir nur möglich ist, zum Beispiel scherzend, indem ich mir emsig die Hände reibe und so tue, als sähe ich ihre langen Schnurrbärte nicht, die bis auf die Erde reichen und in die sie Knoten gemacht und Schleifen gebunden haben, damit sie ihnen nicht im Wege sind. Und trotzdem sind sie sozusagen vom Kopf bis zu den Zehen in ihre Schnurrbärte verwickelt. Doch ich kann ihnen viel vorerzählen, sie sehen mich an, sie sehen Sie an, sie sehen sich untereinander an, aber sie antworten nicht. Schließlich antworten sie mir, doch es ist vollkommen unverständlich. Es ist eine Art Schnurrbartsprache, die kein Mensch verstehen kann. Sie sagen zu mir – nein, Sie sagen nichts, Sie lassen überwältigt die Arme herabsinken. Man bemüht sich, es den Schnurrbärten verständlich zu machen. Herberge, Kölsch, essen … Nichts. Ich zeige ihnen durch eine Handbewegung: essen! Nichts. Nun sehen sie uns mit Augen an, die so rund sind wie Lottokugeln; sie kauen auf ihren Schnurrbärten und prüfen uns dabei auf Herz und Nieren! Nun sage ich zu Ihnen: Wir wollen gehen; hier muß irgendwo eine Stadt sein, gehen wir dorthin. Und wir gehen. Ich bleibe einen Augenblick stehen, um Ihnen schnell zu zeigen, wie schön der Weg ist, der zu dieser Stadt führt. Sie sprechen englisch, ich spreche englisch, doch andere englischsprechende Leute gibt es in jener Welt nicht. Wir dürfen einander nicht verlassen. Es ist ein sehr schöner Weg; doch in der Stadt ist es das gleiche: sie ist voll von Schnurrbärtigen. Allmächtiger, wohin sind wir geraten! Nanu, was bedeutet das? So war es doch eben noch nicht! Wir sind aus der Eilpost nach Bristol gestiegen, sind über eine Wiese gegangen, wie man sie in England liebt, und jetzt ... Ja, aber der Widerstand im Luftraum, den wir vorhin bezwungen haben, indem wir ihn durchschritten. Was kann man da nur tun? Ich spreche nicht nur von heute abend, sondern von unserem ganzen Leben; denn es ist aus, wir sind hier fürs ganze Leben. Übrigens ist die Stadt ja auch sehr schön. Aber wir müssen weiterleben; ich, ich verstehe zur See zu fahren, aber dann müßte ich Sie allein lassen, und das kommt gar nicht in Frage. Haben diese Leute überhaupt ein Meer? Was meinen Sie dazu?«

»Es geht mir wie Ihnen«, sagte sie, »ich fange an, mich zu fragen, was nun werden soll.«

»Aha, Sie sehen also, es ist gar nicht lächerlich.«

»Oh«, sagte sie, »ich verstehe ungefähr. Für starke Schmerzen braucht man starke Mittel. Ich werde zum Großtürken gehen, es gibt doch gewiß einen Großtürken in diesem Lande?«

»Und ob es einen Großtürken gibt; die Stadt ist voll davon! Alle sind Großtürken.«

»Nein, ich meine doch den größten, den einzigen. – Den einzigen Großtürken, wenn Ihnen das so lieber ist.«

»Gut, und was tun Sie mit dem Großtürken?«

»Frauen verstehen es sehr gut, sich der Großtürken zu bedienen. Ich werde vor dem Großtürken tanzen; ich hoffe, das wird er verstehen.«

»Ich bin überzeugt, daß er das verstehen wird, wenn er Augen im Kopf hat; doch was hätten wir davon?«

»Geld natürlich.«

»Na, hören Sie mal, Madonna von Lima, dieser Gedanke, vor dem Großtürken zu tanzen, gefällt mir aber gar nicht.«

»Weshalb denn nicht, Seemann?«

»Nun, eben deswegen nicht. Denken Sie sich etwas anderes aus.«

»Er kann mich ja für seinen Harem kaufen ...« Die Nacht war gekommen.

Sie stützte sich fester auf Hermans Arm. »Wollen wir nicht noch ein wenig durch Ihre Traumstadt wandern?« sagte sie. »Ach, ich weiß leider, daß man in der Herberge sehr wohl englisch spricht.«

Am nächsten Morgen bestiegen sie die 8-Uhr-Post und waren mittags in Cricklade. Sie fuhren erst am nächsten Tage um sechs Uhr früh weiter. Die Stadt war düster und unfreundlich. Sie gingen auf die Felder hinaus, dort fanden sie ein großes Ginstergebüsch. »Sehen Sie nur«, sagte Herman, »das ist auch so etwas wie eine Stadt mit Straßen und Plätzen. Als ich ein Kind war, habe ich oft in ähnlichem Gesträuch gespielt, ich hätte mich verirrt. Kommen Sie da hinein.« Sie drangen durch eine Art von Gang in das Dickicht, und sie gelangten wirklich in der Mitte des Gebüsches in eine kleine grüne Kammer mit einem weichen Rasenteppich, bis zu dem der Nachtfrost noch nicht gedrungen war. »Hier wollen wir bleiben«, sagte sie, »legen Sie sich neben mich und hören Sie mir zu: Ich heiße Adelina White. Da ich gerade von mir spreche: Ich habe schon gestern den ganzen Tag daran gedacht: Nehmen Sie einen Bleistift und notieren Sie meine Adresse. Ich wäre so glücklich, wenn Sie mir nach unserem Abschied schreiben würden.« – »Es ist wahr«, sagte er, »wir werden uns trennen müssen, trotz des Landes im Nebel und der Stadt auf dem Berge.« – »Trotz des Landes im Nebel und der Stadt auf dem Berge ... Also schreiben Sie: Adelina White, 46 Seething Road, Leeds. Nun leihen Sie mir Ihren Bleistift und geben Sie mir Ihre Adresse.« – »Herman Melville, 184 Mashpee Avenue, Massachusetts.« – »So ist's recht. Ich heiße also Adelina White. Ist Ihnen bekannt, was sich im vorigen Jahr in England zugetragen hat?« – »Inwiefern?« – »Ich werde es Ihnen sagen. Erinnern Sie sich der Hungersnot von 46?« – »Sehr gut. Ich sah Schiffe mit Flüchtlingen bei uns ankommen und habe ihnen selbst Töpfe mit Essen gebracht.« – »Es hat sich nichts geändert.« – »Ich dachte es mir. Ein ganzes Volk ist nicht plötzlich vom Hungertode zu erretten.« – »Nein, aber es ist schneller gerettet, wenn man an die hungrigen Münder denkt und dabei mithilft, sie zu füllen, anstatt seine Zeit damit hinzubringen, über die Lehren von Adam Smith und Ricardo zu philosophieren. Ich weiß, daß es für Millionen von Engländern qualvoll war, zu wissen, was sich in den strohgedeckten Hütten ereignete. Sie haben die Flüchtlingsschiffe gesehen, wir sahen die Karren mit den Toten, die in die Gräber geworfen wurden; doch zwei Jahre hindurch haben die englischen Schiffe trotzdem nicht aufgehört, die reichen Kornernten ins Ausland zu bringen, um sie mitten in der Zeit der Kartoffelkrankheit, als die Bauern weinend am Rande ihrer faulenden Felder hockten, auf fremden Märkten zu verkaufen. Die Minister fürchteten den Einspruch der Wirtschaftler; die Einmischung des Staates widersprach offenbar den Gesetzen, die diese Gentlemen sich klug ausgedacht hatten. Als man daran dachte, etwas zu unternehmen, war das englische Getreide schon weit und von fremden Mündern aufgegessen. Man ließ zwar Getreide aus Indien kommen, doch man überließ die Verteilung der Lebensmittel den gewöhnlichen Händlern, die spekulierten und sich bereicherten. Die Menschen sind die schwächsten Lebewesen der Welt; denn sie sind intelligent. Die Intelligenz ist aber gerade die Kunst, etwas zu übersehen; wenn man ein Übel heilen will, darf man es aber nicht übersehen. In diesem besonderen Falle denke ich mir (die Wahl bleibt natürlich Ihnen überlassen) einen jungen Mann von zwanzig Jahren, der Hungers stirbt. Er war dazu geschaffen, zu leben und zu lieben. Es gibt keine ergebeneren Sterbenden als diejenigen, die dem Hungertode geweiht sind; sie sprechen nicht, sie wimmern nicht, sie sterben ganz einfach, auf dem Boden liegend, und fast immer verbergen sie ihr Gesicht, als schämten sie sich. So einen jungen Mann übersieht man am leichtesten. Aber haben Sie nur den Mut (oder wenn Sie wollen, die Empfindsamkeit), diesen Kopf anzuheben und dieses Gesicht zu betrachten, und Sie werden sich sagen: Dieser Mann muß essen, er muß essen, und zwar sofort. Sie werden nicht mehr daran denken zu verkaufen, Sie werden daran denken zu verschenken. Das bedeutet aber die Verneinung der Wirtschaftsgesetze, und es ist keineswegs intelligent, das gebe ich zu. Empfindsamkeit!« – »Wenn ich nichts dazu sage«, erwiderte Herman, »so geschieht das, weil ich leidenschaftlich zuhöre.« – »Das ist alles. Wie Sie sehen, verstehe ich nichts von der Politik. Im vorigen Jahr fand in Kensington die Versammlung der Chartisten statt. Ich weiß nicht, wer recht hatte, Feargus O'Connor oder Smith Michael O'Brien, alles, was ich weiß, ist, daß O'Brien auf einem Krautacker gefangen und zum Tode verurteilt wurde. Mein Mann übernahm seine Verteidigung. Ich begreife wohl, daß das, was ich Ihnen da erzähle, für einen Anwalt keine Empfehlung ist. Man hat ihm jedoch in dieser Hinsicht nichts vorzuwerfen. Er hat alles getan, was er tun konnte; es ist wenig, aber er hat es getan. Die Strafe wurde übrigens gemildert, und ich weiß nicht, wieweit das nicht sein persönliches Verdienst war. Er ist ein kaltblütiger Mann.« – »Und woran denken Sie«, fragte Herman nach einem kurzen Schweigen. – »Ich denke an Ihre Gletscher von gestern abend«, sagte sie, »die Gletscher, die mit ihren Armen die Stadt im Gebirge umfangen. Ich kenne Gletscher ohne Zuflucht. O'Briens Vater ist in Dartmoor.« – »Und der junge Mann, der Sie mit soviel Innigkeit anblickte?« – »Das ist sein anderer Sohn, Christopher. Ich«, sagte sie, »ich schmuggle Getreide nach dem Hungers sterbenden Irland, zumindest vermittle ich den Schmuggel, denn Christopher hat gesagt, ich sei wie ein Vogel und könnte über die Schlagbäume hinwegfliegen. Beim Jahrmarkt von ›Vier Feldern‹ sollte ich den Mann treffen, der die Karren bis zum Verladeplatz in der Nähe der Severn-Mündung bringen wird. Ich habe ihn getroffen. Morgen abend werde ich Sie verlassen.«

Es folgte ein sehr langes Stillschweigen.

Ich bin eine Bäuerin«, fuhr sie fort. – »Ich wußte es«, sagte er. – »Sieht man das?« – »Nein, das fühlt man. Ich wußte es schon, als ich Sie noch nicht gesehen, sondern nur mit dem alten O'Brien sprechen gehört hatte. Ich bin ein Mann, der sich mit wenigstens dreien der vier Elemente herumgeschlagen hat, und es gibt nur eins, was uns standhalten läßt: die Seele. Anderswo kann man darauf verzichten, dort nicht. Ihre Stimme klang nach Erde. Ich fragte mich, wie das alles mit den Salons zusammenzubringen sei (ich hatte Ihre behandschuhte Rechte gesehen); dann aber stellte ich mir keine Fragen mehr.« – »Wenn Sie das Haus kennen würden, in dem ich geboren bin, so würden Sie sich über meine Kleider und über meine Hände wundern.« – »Ich wundere mich nicht leicht«, sagte er, »und besonders dann nicht, wenn ich Dinge sehe, die klar sind und einfach zu verstehen.« – »Auf einem alten Stich, der mein Heimatdorf darstellt«, sagte sie, »sieht man unser Haus am Abhang des Berges; um seine Mauern, in denen ich lebte, und um einen Teil der Felder habe ich ein Herz gezeichnet. Es ist noch gar nicht so lange her, daß ich dieses Herz zeichnete. Es war ein Abend wie alle anderen; ich war in dem Hause, in dem ich jetzt lebe, und plötzlich, verstehen Sie, bekam ich Lust, die Form eines Herzens zu zeichnen, ja, zuzusehen, wie meine Finger mit der Feder diese Linie zogen, die unten beginnt, die schwellend aufsteigt, mit Zärtlichkeit eine Einbuchtung macht und wieder, gleichfalls schwellend, absteigt und in der unteren Spitze endet. Es war ein Abend wie alle anderen; mein Mann saß wie gewöhnlich in seinem Sessel, mein Kind (ich habe einen Sohn von vier Jahren) schlief oben in seinem Zimmer, die Uhr tickte, das Feuer im Kamin brannte. Stille ... Ich hatte Lust, ein Herz zu zeichnen. Manchmal ist es nötig, sich klarzumachen, daß gewisse Dinge existieren. Sobald ich in meinem Zimmer war, öffnete ich die Schublade, in welcher der alte Stich lag, und darauf habe ich das Herz gezeichnet; um unser altes Haus herum. Es war ein Hof mit dürftigen Äckern, aber die Whites (es ist mein Mädchenname, den ich Ihnen eben sagte), die Whites hatten daraus ein wundervolles Heim gemacht. Glauben Sie nicht, es sei meine Absicht, zu behaupten, ich sei weich und zart; ich bin von der nötigen Derbheit, denn es war ein strenges Haus. Wir sind fünf Kinder; ich habe drei Brüder und eine Schwester. Der älteste von uns, Harold, mit dem ist nicht zu spaßen (um einen Ausdruck zu gebrauchen, dessen Sie sich häufig bedienen). Ich sage Ihnen das, weil ich eben von meinem Mann in seinem Sessel sprach.

Mein Vater brach des Morgens in Begleitung zweier Ackerknechte zu Pferde auf, und die drei Pferde gingen im Schritt zur Arbeit auf den oberen Feldern. Man muß es den kleinen Mädchen nicht verargen, daß sie auch schon Frauen sind. Der jüngste von uns war Pit, ein Junge, der Ihnen gefallen hätte und der Ihnen noch gefiele. Harold liebt Kinder sehr. Er hat sie immer mit strengen und durchdringenden Blicken angesehen, doch gleichzeitig lag ein solcher Frieden auf seinem Gesicht, daß die Kinder zu ihm kamen, um ihm die Hand zu geben. Meine Schwester, Pit und ich, wir sagten: Harold ist ein Arzt. – Daß wir Kinder das gefühlsmäßig begriffen hatten (ich war sieben, meine Schwester neun Jahre) und daß Harold auf Wunsch der Familie Arzt wurde, wird Ihnen besser als alles andere sagen, wie wir gemeinsam über die gleichen Dinge dachten und welcher trefflichen Art unser Vater war, der täglich, ohne viele Worte zu verlieren, auf die entfernten Felder ging, aber trotzdem alles überblickte. Ich sagte nicht ›Doktor‹ (ich denke an Ihren Doktor von gestern abend), an Harold war nichts Doktorhaftes, noch ist es jetzt (er hat eine Kinderklinik in einem Vorort von Birmingham), sondern er ist lediglich durch seinen Ernst und seine Schweigsamkeit Arzt; er reicht Arzneien, weil man ein Herz um ihn gezeichnet sieht; die Kinder sehen es noch deutlicher als alle anderen. Er hatte begriffen, daß er bei den Kindern die größten Heilmöglichkeiten hatte, besonders bei den armen Kindern, die Wunder herbeisehnen und sie nie zu sehen bekommen. So sahen sie denn schließlich in diesem Manne ein Wunder, und sie genasen, oder sie waren wenigstens für die Genesung vorbereitet. Pit ist sein Gehilfe geworden. Pit ist reizend. Ich liebe Pit. Ich liebe sie zwar alle, doch Pit besonders. Er hatte eine sehr drollige Art auf seinen … ja, zu fallen; und dann kam er ganz bekümmert und treuherzig, um zu fragen, ob einem das auch nicht weh getan hätte. Das schien ein Spaß zu sein. Doch jetzt wäre er wie ans Kreuz geschlagen, und er wäre besorgt um Ihre Hände, Ihre Füße, Ihre Seite und Ihre Dornenkrone und er würde wohl rufen: Geben Sie acht, man wird Ihnen einen Essigschwamm reichen. – Immer ist er beunruhigt wegen des Leides, das die Welt einem durch ihn zufügt. Er ist drei Jahre jünger als ich, er sieht mir ähnlich. Ich liebe ihn. Meinen anderen Bruder habe ich nicht sehr gut gekannt, niemand übrigens. Er ist der vollkommenste Vertreter dessen, was man in unserer Gegend das Whitesche Schweigen nennt: der männlichen Whites, denn das heute hier anwesende Exemplar der weiblichen Whites spricht; doch so hat es noch nie gesprochen.

Nahe beim Hause stand eine riesige Eiche; sie war voller Eichhörnchen, Eulen, Marder und kleiner Eidechsen. Immer, wenn ich lachte, sagten meine beiden dürren Tanten zu mir: Wie kannst du nur lachen! – Dann verschwanden sie steif und hager in den Feldern, ohne daß man jemals erfahren hätte, was sie dort zu tun beabsichtigten. Vielleicht wollten sie dort mit dem Heiland sprechen, den eine von ihnen vertraulich ›Tom‹ nannte; man hat niemals erfahren weshalb. – Es wäre Zeit, den Kleinen die Liebe zu ›Tom‹ beizubringen. – ›Liebe‹, dieses Wort beschäftigte uns sehr, meine Schwester und mich. Sie kicherte unter ihrer Bettdecke. Nachdem wir dieses Wort gehört hatten, schliefen wir nie sofort ein. Man sprach es niemals mehr aus. Wir gewöhnten uns an, es auch ›Tom‹ zu nennen; im Grunde lebten wir in der echten Überlieferung: Liebe und Gott – dasselbe Wort.

Unglücklich, doch voller Entzücken, habe ich das Glück meiner Schwester miterlebt. Sie verheiratete sich, das Haus löste sich auf. Ich wußte wohl, daß es das tat, um neu errichtet zu werden, doch an anderer Stelle, und ich fühlte auch mit anderen Zielen. Ich spürte, daß wir bis zu diesem Moment nicht unserem eigenen Glücke, sondern dem Glücke meines Vaters beigewohnt hatten. Die große Eiche, die verstreut liegenden Felder, meine Mutter, meine Tanten, die schweren friedlichen Pferde, das alles hatte mein Vater zuerst um sich herum aufgebaut, wir, die Kinder, waren später gekommen. Wir haben uns alles Vorhandene zunutze gemacht; die Schweigsamkeit meines Vaters war die Schweigsamkeit der Whites geworden; sein Glück war unser Glück geworden. Nun mußten wir an unser eigenes Glück denken, jetzt, da wir dieses Hauses Glück so sehr genossen. Das ist viel schwieriger, als es erscheint. Gewiß, ich hatte noch immer die gleichen Freuden: die große Eiche beherbergte noch immer ihre Vögel, und die kleinen Marder wohnten immer noch zwischen den Wurzeln in ihren Höhlen; mein Vater ritt morgens auf seinem schweren Pferde fort, kaum daß er etwas langsamer ritt als früher, doch wenn meine Tante von ›Tom‹ sprach, dachte ich an unseren, meiner Schwester und meinen ›Tom‹. Es war sehr bitter, die Wege nun allein gehen zu müssen. Und ich ersehnte die Heirat. Ich werde jetzt etwas Schreckliches sagen, doch die Wahrheit liegt oft in den schrecklichen Dingen. Ich wollte glücklich sein, doch wenn das himmlische Feuer in diesem Hause, um mich herum alle getötet hätte, bis auf einen meiner Brüder, dann wäre ich, im Bewußtsein, die menschlichen Eigenschaften, deren ich am meisten bedurfte, an meiner Seite zu haben, wahrhaft glücklich gewesen. Und dieser Traum war weder ungeheuerlich noch entartet, er war ganz einfach natürlich. Ich war ein Mädchen von neunzehn Jahren und vereinsamt, seitdem meine Schwester geheiratet hatte; das Haus meines Vaters umgab mich mit einem Glück, das ich liebte. Jetzt weiß ich, daß ich töricht war. Und albern, denn bis auf meine Familie hatte ich tatsächlich keine herzlichen Beziehungen gekannt, es sei denn zu der Nacht, deren Sterne in mein Fenster blickten.

Ich habe mich natürlich verheiratet, und zwar mit einem Freunde meines älteren Bruders. Wahrhaft gute Männer sind oft unbegreiflich; man weiß nie, was ihre Freundschaft weckt. Gelegentlich sind es Gründe, die den natürlichen Gründen widersprechen. Harold brachte uns diesen Mann mehrere Male mit. Schließlich fand ich, er ähnele meinem Bruder. Nicht sein Gesicht, doch seine Art, und ich überraschte ihn eines Tages, als er die Bewegung nachahmte, mit der Harold sein Zigarrenetui herauszog, es öffnete, es weit aufsperrte und darüber hinwegblies. Ebenso gewisse Bewegungen der Schultern. Am Abend setzte sich Harold oft in einen Sessel, streckte seine Beine aus, stützte seine Ellenbogen auf die Lehne, und einen Augenblick später ruhte seine Stirn in seiner Hand. Eines Abends setzte sich Danny nieder, streckte seine Beine aus, stützte seinen Ellenbogen auf die Lehne, und nach genau dem gleichen Augenblick ruhte seine Stirn in seiner Hand. Ich weiß nicht, ob mich das dazu brachte ihn zu lieben. Wie soll man alle Listen kennen? …

Nein, sagen Sie jetzt nichts und lassen Sie uns zurückkehren.«

Am nächsten Tage, gegen vier Uhr nachmittags, befanden sich Adelina und Herman auf der großen Heide, von der aus man das Mündungsbecken des Severn überblickt. Auf allen Seiten, so weit man sehen konnte, zog sich das völlig kahle, verlassene, wellige, mit Heidekraut bedeckte Land hin; nur im Westen, im meergrünen Licht, flimmerte der Kanal von Bristol. Plötzlich erschallte zur Rechten ein Hörner- und Trompetensignal. »Das sind die Fuchsjäger«, sagte Adelina, »ich muß warten, bis sie fort sind.« Sie hörten das Galoppieren der Pferde, Rufe und selbst das Klirren der Zaumzeuge. »Doch Sie werden sie nicht zu sehen kriegen«, sagte Adelina. »Sie jagen vorbei wie Schatten. Das, was uns von hier aus kleine Bodenwellen zu sein scheinen, sind in Wirklichkeit Abhänge, die in tiefe Täler hinabreichen und sich kreuzen. Diese endlose Hochebene scheint flach, doch sie ist ganz durchzogen von geheimen Pfaden. Meine Karren werden von dort unten kommen, von dort, wo der Abend begonnen hat, das Heidekraut in Dunkel zu tauchen.«

Sie hielten sich bei den Händen, während sie dort einhergingen. Zuerst waren sie einem Manne begegnet, der einsam aufrecht wie ein Baum dagestanden hatte und zu warten schien. Er grüßte sie, dann machte er kehrt. »Geben Sie mir die Hand«, hatte Adelina nun gesagt, »wir werden bald Abschied nehmen müssen.« Seitdem gingen sie stumm nebeneinanderher.

»Der Ton der Hörner und Trompeten hat mich erschüttert«, sagte Herman, »ich weiß nicht, weshalb.« – Sie sagte: »Sie bliesen die ersten Takte eines Concerto von Händel.« – »Ich habe niemals viel Musik gehört«, sagte er. – »Sie haben den Wind und das Meer gehört. Wer auf die Geräusche der Welt gelauscht hat, hat Musik gehört. Pit kann Harmonium spielen. Eines Abends – er spielte gerade Händel (es war die Begleitung zu einem Chor aus ›Theodora‹:

Venus lacht vom Himmel hernieder) – sagte mein Vater zu Bill, der auch zuhörte (er sprach zuweilen mit den Knechten, die bei uns saßen): Ich denke an das Feld, das an den Abhang von Worsley hinabführt; man muß es bei Westwind einsäen, wenn wir vermeiden wollen, daß der Wind die Saat davonträgt. – Und Bill antwortete: Ich dachte gerade genau dasselbe, Herr,« – »So hatte es sie alle beide an den gleichen Ort geführt.« – »Ja, während ich selbst zu anderen Orten entführt war.« – »Ich verstehe wohl. Ebenso wie Händel, als er die Musik schrieb, gewiß andere Dinge im Kopfe hatte als den Abhang von Worsley. Das ist es doch wohl, was Sie sagen wollten?« – »Genau das«, sagte sie. »Sehen Sie, das war gewiß ein dicker Herr, der eben in sein Horn blies. Und: Gott soll mich verdammen, hat er wohl gesagt, wenn ich andere Absichten beim Blasen habe, als Lärm zu machen. Doch wahrscheinlich ist er auch Hornbläser in einer Musikgesellschaft in Berkley oder in der Umgegend, und diese rühmliche Schar hat gewiß kürzlich das Concerto von Händel gespielt; der Satz ist ihm, in dem Augenblick, in dem er bei der Verfolgung des Fuchses auf seinem Bauerngaul Lust bekam, Lärm zu machen, ins Gedächtnis gekommen. Vielleicht war es auch der Anblick der weiten blühenden Heide. Und die andern haben mit ihren Hörnern und Trompeten mit eingestimmt, und Händel ist gekommen und hat an ihr

Herz gerührt. Der Fuchs wird ganz toll sein vor Angst.« – »Ich weiß weder, wie dem Fuchs zumute sein mag«, sagte Herman, »noch, woran Händel dachte, als er seine Hörner dazu bewog, sich mit den Stimmen der Trompeten zu vereinigen, doch plötzlich hat sich das so an mich gerichtet, als sei es für mich bestimmt gewesen und als hätte ich mein Leben lang darauf gewartet.« – »Ich bin nur eine ganz kleine Getreideschmugglerin; ich bitte Sie, achten Sie nicht weiter auf das, was ich sage; es hat keinen Zusammenhang. Doch sehen Sie, ich bin in diesem Augenblick voll großartiger Gedanken ohne logischen Zusammenhang, bis auf den, daß sie alle der endlosen Heide gleichen, durch die wir gehen. Ich habe inmitten dieser Weiten, die sich so gewaltig um uns dehnen, niemals aufrecht stehen können, ohne sofort an meine schönsten Träume zu denken. Danke, daß Sie meine Hand halten. (Sie sehen, ich weiß nicht, was ich sage.) Und Dank auch dafür, daß Sie neben mir gehen, ohne gerade das zu sagen, was Sie sagen möchten.« – »Es ist wirklich so«, sagte er, »daß ich auf jede Weise versuche, Zeit zu gewinnen. Doch Sie haben unrecht, zu sagen, Sie seien nur eine kleine Getreideschmugglerin; was Sie tun, ist sehr wichtig; diejenigen, die darauf warten, werden meiner Meinung sein. Gib uns unser täglich Brot.« – »Aber gib uns auch unsere tägliche Stadt am Berge und die Hörner von Händel. Gib uns täglich unsere große

Weite. Also Sie, Sie sind ein Dichter ...« – »Es wäre mir lieber, wir sprächen nicht davon«, sagte er. »Sehen Sie, es wäre besser, wenn es Ihnen recht ist, wir sprächen von Pit. Verzeihen Sie, wenn ich so vertraulich von ihm spreche.« – »Sie können mir kein größeres Vergnügen machen. Doch seien Sie unbesorgt, ich sage: Sie sind ein Dichter, wie ich sagen würde, Sie sind blond oder braun. Es ist eine einfache Feststellung, so als sagte ich, Sie sind ein Versicherungsagent von Lloyd.« – »Bleiben wir beim Versicherungsagenten von Lloyd.« – »Wenn man gewohnt ist, in der großen Weite des Meeres oder des Landes zu leben, ist man natürlich geneigt, für die Probleme, die das Leben uns stellt, großartige Lösungen zu erwägen; nehmen Sie zum Beispiel die Seeleute. – Doch nun denken Sie einmal an alle diejenigen, die ständig in den Häusern und um die Häuser der Städte, die immer dichter werden und auf die der Regen herabrauscht, leben. Hier wird Ihr Geist natürlich überwältigt durch diese Linie, die in endloser Ferne da vor uns aus dem Dunst emporsteigt und dort hinten im Nebel versinkt. Betrachten Sie, wie sie verläuft, wie sie, von einer Art Sicherheit getragen, der Ausdruck einer Beharrlichkeit wird, die ewig ist. Wie könnten wir das vergessen? Und wenn wir uns unseres Geistes bedienen müssen, wie können wir ihn hindern, es ihr gleich zu tun. Doch wenn Sie in einem Kasten leben, mit Teppichen und einem

Kamin, mit vier Bedienten, dem Schreibtisch, der Bibliothek, den Akten und den eingeordneten Papieren ... Sehen Sie, im letzten Winter hat mein Mann mich veranlaßt, einen Empfang zu geben. Er hat politischen Ehrgeiz. Wenn die Männer, die da waren und die, ich bitte Sie, es zu glauben, wirklich um mich herumscharwenzelten, gewußt hätten, daß sie es ganz einfach mit einer gewöhnlichen Schmugglerin zu tun hatten (nicht einmal Schmugglerin, wenn sie nur gewußt hätten, daß ich hierher auf diese einsame Heide komme, um auf das Geräusch der Karren zu lauschen und daß ich Getreidesäcke auf die Fähre verlade), sie wären, glaube ich, alle niedergeschmettert und tief betrübt gewesen – wegen einer niedrigen Gesinnung, deren sie mich nicht für fähig gehalten hätten. Sie hatten alle sehr scharf umrissene Gedanken über die Art zu regieren. John Russel selbst war nur ein Säugling im Vergleich zu ihnen. Mit mir jedoch, die ich, wohlgemerkt, den Ruf habe, ein wenig verrückt zu sein (und auch weil man in Gegenwart entblößter Schultern gerne glänzt), hatten sie angefangen, von Poesie zu sprechen, von ... Gedichten, von der Poesie des Lebens, von Albernheiten! Ach, wenn Sie ihre Lippen gesehen hätten! Und die Monokel! Wie sie sie fallen ließen und wieder einsetzten, mit erhobenem Kinn, und wie sie mir plötzlich ihre Köpfe zuneigten und sagten: Nicht wahr, teure Freundin? ... – Sie waren alle ein wenig angeheitert und folglich angeregt und schließlich von ihrem Gesprächsstoff ganz beherrscht (sie sprachen nur von der Dichtung), da sagte ein kleiner Biedermann, der davon überzeugt war, daß von seiner persönlichen Meinung die Geschicke der Menschen abhingen: Wehe dem, der sich dem Schicksal entgegenwirft.« – »Er hatte recht«, sagte Herman. (Seine Stimme klang froh.) »Das ist eine Binsenwahrheit. Sich dem Schicksal entgegenwerfen ist an sich schon ein Unglück, doch es ist sehr wahrscheinlich, daß ich keine zwei Pence für mein Leben gäbe, wenn ich dieses Unglück nicht hätte.« – »Verstehen Sie recht«, sagte sie, »das, was er sagen wollte, war ganz persönlich gemeint. Es bedeutete, und glauben Sie mir, niemand hat sich darüber getäuscht, nicht einmal ich: Ich werde für das Unglück des Dichters sorgen, der sich dem Schicksal, das ich den Menschen bereite, nicht fügt. Der nicht meine Ansicht teilt. – Verstehen Sie? Der sich mir nicht unterwirft. So war es! O ja, ich empfange sehr bedeutende Persönlichkeiten. Und bis zu einem bestimmten Punkt konnte dieser Mann wirklich eine persönliche Angelegenheit daraus machen.« – »Nein«, sagte Herman, »wehe dem Dichter (Gott verhüte, daß ich einer bin), doch der kleine Biedermann hat nichts damit zu tun. Sehen Sie, Adelina, Dichter sein heißt, das Schicksal der Menschen vorauserleben; er folgt ihm nicht, er ist auch nicht dagegen, er ist ihm voraus. Er unterwirft sich ihm nicht. In diesem Zwange liegt genug Ursache, um unglücklich zu sein.«

Der Abend kam. Sie hörten den Lärm von Karren und das Knallen einer Peitsche.

»Nur noch einen Augenblick«, sagte er, »sehen Sie.«

Er wies auf das zerdrückte Gras hinter ihnen.

»Nicht wahr, es gleicht dem Abdruck von etwas Ungeheuerlichem, das sich eben hinter uns niedergelassen hat?«

»Ja«, sagte sie, »wirklich, und man möchte behaupten, es sei entstanden, während Sie sprachen.«

»Nun, und sehen Sie jetzt da oben?« Wunderbare Wolken hatten sich wie die Schwingen eines schwebenden Vogels ausgebreitet.

»Was soll das sein?« fragte sie.

Er senkte die Stimme: »Ein Engel.«

»Wessen Engel?«

»Meiner.«

»Ein Wächter?« fragte sie.

»Ja, ein Gefangenenwächter.«

Er machte eine abwehrende Bewegung. »Schlägt er Sie?«

»O nein«, sagte er, »es ist ganz anders: Wir schlagen uns.«

»Leben Sie wohl«, sagte sie.

Er spürte noch die Wärme ihrer Hand in der seinen. Inzwischen war es dunkel geworden; nur über dem Meer lag noch ein Lichtschimmer, und weit unten, an der Hafeneinfahrt, trieb das Fährboot schon auf die offene See hinaus.

In die Vereinigten Staaten zurückgekehrt, sagte er sich: »Ich habe nicht einen Augenblick zu verlieren; ich habe einen alten Traum; ich wartete immer. Jetzt werde ich ihn verwirklichen.« Er läßt sich in den Bergen von Berkshire nieder, kauft einen Hof und nennt ihn »Arrowhead – Pfeilspitze«. In der Umgebung des Hauses heben und senken sich unübersehbare Grasflächen, sie wellen sich und ziehen sich bis zu den schwindelerregenden Laubmassen der Buchen und Birken hin; jenseits der Bäume beginnt das Auf und Ab der Hügel. Er richtet sich häuslich ein, baut einen Kamin, streicht die Fassade und befestigt den Efeu; er richtet die Wetterfahne auf, ölt die Türangeln und bricht neue Fenster in die Wände. »Herman«, sagt Mistreß Melville zu ihm, »du hast ja einen einbalsamierten Kopf.« Das Land ist wundervoll. Ungewöhnlich zahlreiche Vogelschwärme lassen die Laubmassen ständig erheben; alles singt und blüht ohne Unterlaß. Wenn in der Stille der Nächte die Nachtigall schweigt, hört man das leise Stampfen der Hirschkühe, die vom wilden Wein der Sommerlaube naschen. »Ja«, sagt er, »ich hatte Verlangen danach, siehst du, und ich mußte es sogleich tun. Ebenso muß ich mich noch von anderen Wünschen befreien.« Er erklärt nichts; doch man erkennt in der Tat sehr deutlich, daß er sich auf die gleiche Weise mit einer Reihe anderer Träume befaßt, daß er sie, mir nichts, dir nichts, auf die Beine stellt, ihnen wie Neugeborenen einen Klaps gibt und sie lebendig macht. Doch gleich darauf wendet er sich von ihnen ab. Wenn man es ihm an manchen Abenden nicht sagte, so wüßte er nicht, daß der Tag herrlich war, daß der Abend herrlich ist und daß die Nacht herrlich sein wird. Er ist jetzt der Nachbar seines Freundes Nathaniel Hawthorne, für den er eine heftige Bewunderung hegt. Gemeinsam gehen sie die Wege entlang oder quer durch die Felder. »Sehen Sie«, sagte er zu ihm, »diese Sache da kann nicht andauern; in mir tobt ein außerordentlicher Kampf von Begierden. Es geht ja gut, und natürlich ist es genaugenommen das Schicksal aller, doch sehen Sie, man weiß nie ganz gewiß, was man im Herzen hat, und es ist durchaus möglich, daß es in meinem Falle ein wenig Heuchelei gegen mich selber ist.

Ich werde arbeiten. Bestimmte Gedankengänge der letzten Tage haben mir eine merkwürdige Walfischgeschichte in Erinnerung gebracht. Um das Jahr 1810 herum war ein Wal bei der Insel Mocha an der Küste von Chile aufgetaucht. Er wurde mehr als hundertmal angegriffen, und über hundertmal war er siegreich. Man kann sogar sagen, daß er (und das ist der richtige Ausdruck) drei englische Walfänger in die Flucht schlug, indem er sie angriff, als sie schon den Rückzug antraten. Und wahrhaftig, er griff sie an, indem er bis zur Höhe des Vorderkastelle aus dem Wasser sprang. Er wurde schnell berühmt. Man konnte nicht ums Kap Horn segeln, ohne Lust zu bekommen, ihn zu jagen. Infolge seines Alters, oder vielleicht einer Laune der Natur, war er weiß wie der Schnee; von weitem gesehen, konnte man nie genau sagen, ob er es war oder eine Wolke am Horizont. Und jedesmal, wenn man auf hoher See jemand begegnete, wurde gerufen: Sag mal, hast du nichts von Mocha Dick gehört? – Jawohl, das ist mir eingefallen, ich weiß selbst nicht, weshalb. Diese unausführbare Sache, verstehen Sie?« Einige Monate später sagte er zu Hawthorne: »Ja, ich arbeite daran.« Er mußte es ebenfalls an Adelina geschrieben haben, und das war wohl im Rausch des Arbeitsbeginns gewesen. Ja, er war berauscht von der neuen Geschichte. Adelina hatte eine Art epischen Brief bekommen, und sie antwortete ihm: »In meinen Augen sind Sie mit Ihrer Riesenkraft das Ebenbild des Kampfes und des Sieges.« Später schrieb sie ihm: »Ich habe jetzt eine so klare Vorstellung von Ihnen, daß ich selbst aus der Ferne Ihren Briefen, ihrem Rhythmus, dem Aufbau und Ihrer Schrift entnehme, wann Sie bis ins Herz Ihrer Arbeit vorstoßen oder wann Sie sie für einen Augenblick verlassen.« Wenn er sie jetzt verläßt, so macht er eilige, einsame Spaziergänge über die Hügel; seine Taschen sind vollgestopft mit Papieren und Bleistiften, um sich her sieht er nichts als das Meer, das Meer und wieder das Meer, und unten im Tale sieht er sein Haus auftauchen, zu dem er sofort seine Schritte zurücklenkt, um heimzukehren und schnell weiterzuschreiben.

»Diese unausführbare Sache, verstehen Sie«, sagte er eines Tages zu Hawthorne, »diese unausführbare Sache, die das Leben versperrt.«

»Von welcher Sache wollen Sie denn sprechen?« fragte Hawthorne.

»Sagte ich, ich wollte über etwas anderes sprechen als über diesen weißen Wal?«

»Nein, in der Tat«, erwiderte Hawthorne, »doch jedesmal liegt in Ihren Worten ein inneres Klingen. Sie scheinen von einer persönlichen Leidenschaft bewegt.«

»Nein«, sagte Herman nach einer Pause, »nehmen wir im Gegenteil an, mich beschäftigt eine allgemeine Leidenschaft. Hätten wir nicht«, sagte er lächelnd, »zum Beispiel genug daran, gegen den Widerstand der Götter zu kämpfen? Was meinen Sie, Hawthorne? Nicht wahr, stellen Sie sich jemand vor, der schließlich ein Schwert oder eine Harpune ergreift, um einen Kampf gegen Gott selbst zu beginnen.«

»Man sollte nicht glauben.«

»Woran?

»An Gott.

»Im Gegenteil, denn wo wäre dann das Verdienst?«

»Oder der Wahn.«

»Oder der Wahn, wenn Sie so wollen. Nein, ich denke im Gegenteil an jemand, der Gott ebenso klar sieht wie, einer Redensart nach, die Nase mitten im Gesicht; ebenso klar wie den weißen Walfisch über dem Wasser, und da er ihn gerade in seiner Herrlichkeit sieht und ihn mit allen seinen Geheimnissen kennt und weiß, wie weit sein Machtrausch gehen kann; an jemand, der nie die Wunden vergißt – niemals –, mit denen dieser Gott ihn schlug, und der dennoch über ihn herfällt und die Harpune schleudert.«

»Ich glaube, Sie schreiben ein schönes Buch«, sagte Hawthorne nach einer Pause.

Zu Beginn des Jahres 1851 wurde *Moby Dick* beendet und erschien im gleichen Jahre. Das *Dublin University Magazin* schreibt: »Es ist ein unvergleichliches Buch.« William P. Trent schreibt in der *History of American Literature:* »Es ist Melvilles Meisterwerk. Noch nie fanden wir in einem Buche so den Atem des Meeres, die Leidenschaft der Winde und das Saugen der Tiefe. Auch der kühlste Leser wird schließlich mitgerissen von der Verfolgung des vom Teufel besessenen Kapitäns Achab, und der unbesiegbare Walfisch ist eine der wunderbarsten Schöpfungen eines großen Dichters.« John Masefield schreibt: »Hier finden sich die Geheimnisse des Meeres; dieses Buch ragt ganz allein mitten aus allen Büchern heraus, die ich kenne. Nichts reicht da heran.« *Harpers' New Monthly Magazine* vom Dezember 1851 schreibt in einem Aufsatz von zehn Seiten: »Es wurde mit Buchstaben aus Blut geschrieben ... Man wird von der Erhabenheit der Ozeane berührt ... Die Wildheit eines Machbeth der Meere ... Getragen von seinem Genie wie vom Wind der Ferne.« John Freeman schreibt: »Es ist eine Schöpfung von der Lauterkeit des ›Verlorenen Paradieses‹.«

»Was haben Sie nur, mein Lieber?« fragt ihn Hawthorne. »Jetzt sehe ich Sie seit mindestens einem Monat sorgenvoll, um nicht zu sagen, unglücklich. Sie sehen wirklich aus wie ein Mann, der unglücklich ist. Ich hoffte von Tag zu Tag, Sie wieder heiter geworden zu sehen, doch ich bemerke im Gegenteil, daß Ihre Sorge immer schwerer wird. Ist es denn so schlimm? Worum handelt es sich? Kann ich Ihnen gar nicht helfen? Die Kritiken sind herrlich. Haben Sie den letzten Artikel von Salt im *Gentleman's Magazine* gelesen? Ihr Buch ist unbestreitbar ein Meisterwerk. Sie sollten sich aussprechen, wissen Sie. Das wird Sie gewiß erleichtern.«

»Ja, ich bin beunruhigt«, sagt Herman. »Wir sind bald im Februar ... ich erwarte Nachricht von einem

Freunde in England. Es ist nie mehr als ein Monat vergangen, ohne daß er mir schrieb. Jetzt ist es bald vier Monate her, daß ich ohne Nachricht von ihm bin.«

Der letzte Brief, den er von ihr bekam, war vom Oktober 1851 datiert: »Ich bin krank«, schrieb sie. »Wenn Sie wüßten, wie reizend ich in meinem Bette bin! Ich niese, ich huste und rieche nach Kampferspiritus und Mandarinen. Deshalb ist mein Brief so kurz und so unzusammenhängend. Bah! Ich schicke ihn trotzdem!«

»Ich frage mich, ob sie es gelesen hat«, sagt er eines Tages mit leiser Stimme vor sich hin.

»Was denn?« fragt Hawthorne. »Ich fragte mich gerade«, sagte Herman, »ob dieser Freund mein Buch gelesen hat.«

»Oh, wissen Sie«, sagt Hawthorne, »bei der Reklame, die Harpers macht und bei der Schnelligkeit, mit welcher der Name eines Meisterwerkes bekannt wird, wird Ihr *Moby Dick* ebenso bekannt sein wie die *Times*. Es ist unmöglich, daß Ihr Freund ihn nicht gelesen hat.«

»Ja«, sagt Herman, »um so mehr muß ich also wirklich verdammt sein ...«

»Woran denken Sie?« fragt Hawthorne.

»Ich denke«, sagt Herman, »ob diese Person vielleicht gerade vorher gestorben ist ...«

Ein Jahr später hat er seine Spaziergänge mit Hawthorne beinahe eingestellt. Er geht wenig aus. Zuweilen trifft er seinen Freund noch an der Gartenhecke.

»Arbeiten Sie wenigstens?« fragte Hawthorne.

»Ja, aber aus Pflicht.«

»Haben Sie Nachricht von ihrem Freunde aus England bekommen?«

»Nein, niemals wieder.«

Das Buch, an dem er arbeitet, heißt *Pierre*. Als es erscheint und Hawthorne darüber sprechen soll, ist er sehr verlegen.

Schließlich sagt er: »Es ist ein Buch.«

»Nein«, widerspricht Herman. –

»Ach! Ich habe alles versucht«, sagt er vier Jahre später. Sehen Sie, Hawthorne, ich habe jetzt *Israel Potter* geschrieben, aber das ist nun mein letztes Buch. Ich werde nicht mehr schreiben. Es ist ein wenig besser als *Pierre,* doch es ist alles, was ich jetzt schreiben kann. Ich muß mich jedesmal zwingen, nötigen, es geschieht mit Peitschenschlägen. Oh, natürlich, wenn Sie es als eine Kraftprobe des Willens gegen den Abscheu betrachten, dann ist es ein Buch, und unter diesen Umständen mag es hingehen. Doch das Buch als Schöpfung, nein, da hat es kein Lebensrecht. Nach *Moby Dick* war ich angewidert. Dieses

Buch, auf das ich geradezu losgesprungen bin, ganz und gar, mit einem Satz, nun, es ist zu spät gekommen.«

»Wie können Sie das sagen«, erwidert Hawthorne. »Ein Meisterwerk kommt niemals zu spät, die Menschen werden immer erst später geboren.«

»Ja, aber sehen Sie«, sagt Herman, »ich spreche egoistisch, von mir selbst; es war notwendig, daß jemand nicht vorher starb.«

Bald darauf verkauft er *Arrowhead,* verläßt Berkshire und zieht nach New York. Dann erfährt man, daß er um die Stelle eines Zollinspektors nachgesucht hat. Es ist etwa das Jahr 1857.

Er starb nach vierunddreißig Jahren vollkommenen Schweigens. Am 28. September 1891, des Morgens, als die Pflegerin, die ihn tagsüber versorgt, eintrifft, sagt die Nachtwache zu ihr: »Ziehen Sie nicht erst Ihre Schuhe aus, Madame Fourque, er ist eben gestorben.« – »Also da ist wieder einmal Schluß, Madame Andirons, ich habe gerade noch einen anderen alten Herrn, der wird wohl heute morgen ebenfalls eingehen. Ich werde mich beeilen, damit ich es nicht bei allen beiden versäume.« – »Nehmen Sie doch erst etwas zu sich, Madame Fourque, ich habe ihn schon fertig gemacht, und der Tischler ist bestellt. Wir können uns wohl einen Augenblick Ruhe gönnen, nicht wahr?« – »Wie ist es denn so schnell gekommen?« –

»Ich bemerkte es gegen sechs Uhr. Er sprach vor sich hin. Ich habe ihn gefragt: Was sagen Sie? Er fragte, ob nichts aus England angekommen sei. Da sagte ich zu ihm: Nein, Herr Melville, nein, es ist nichts angekommen, machen Sie sich keine Sorgen, schlafen Sie ruhig.«

WALTER REDFERN

Nachwort

Wildschweine in der Métro

Jean Giono (1895–1970) war einer der produktivsten französischen Erzähler seit Balzac und ist in der Pléiade-Reihe mit mehr Werken vertreten als jeder andere französische Autor. Von Natur aus zur Emphase neigend (das Weltall war sein Kaisertum), wirbelte er von utopischen Fiktionen (überquellend von Gewalt, aber auch von Liebe; das Kosmische darin wird nicht selten vom Komischen verdrängt) zu verschmitzten Verwerfungen von allem, was das kompromißlose Streben nach Glück, der großen Seligkeit, zu gefährden drohte. Seine unbeugsamen Deserteure schöpften ihre Kraft aus persönlichen Moralkodizes. Giono besaß Chuzpe, jenen Wesenszug, den Henry James auch an Zola feststellte und als einen »glücklichen Mangel an Selbstzweifeln« beschrieb. »Ich desertiere aus jeder Armee und vermag daher zu arbeiten wie ein Gott.« Diese Sammlung ist ebenso uneinheitlich wie umfassend und enthält Tagebücher, Reportagen über Verbrechen – die Dominici-Affäre, Reisebeschreibungen – Italien und Spanien, Historiographisches – die Schlacht bei Pavia – sowie Gedichte und eigenwillige Prosastücke. Im Gegensatz zu seinen übrigen Schriften waren Gionos Tagebücher (1935–1939, 1943 bis 1944) nicht alle für eine Veröffentlichung vorgesehen und blieben daher größtenteils unredigiert. Pierre Citron, Herausgeber der Pléiade-Reihe, vermutet, sie hätten ihm über die Leere zwischen zwei Büchern hinweggeholfen. Vor allem aber waren sie der Ort für Verlockungen wie der Idee eines Romans über »reine« Männer, wunderbar frei von schwachen Frauen, und boten Giono die Möglichkeit, seine Entrüstung über tatsächliche oder erfundene Unzulänglichkeiten und Undankbarkeiten von seiten anderer kundzutun. Daneben finden sich aber auch erste Gedanken zu neuen literarischen Projekten, die zeigen, daß die gängige Unterteilung von Gionos Werk in den lyrischen Optimismus der Vorkriegsjahre und den lakonischen Sarkasmus der Nachkriegszeit – eine Unterteilung, mit der Henry Godard in seinem Buch *D'un Giono l'autre* gründlich aufräumt – etwas einfältig ist, zumal Giono bereits 1935 von einer »Nüchternheit von großer poetischer Dichte« geträumt hatte. Oft war das Tagebuch für Giono auch »ein inneres Reich, in dem man Zuflucht findet«.

Viele Seiten bezeugen sein Schwanken zwischen

überschwenglichem Stolz und überdramatisierten Selbstzweifeln, während er *Bergschlacht* schrieb, ein Epos über den Menschen, der gegen eine entfesselte Natur (eine Flut) ankämpft. Giono schwelgte in »symphonischen« Dimensionen, während er sich »einsamen Bußübungen und Kasteiungen mittels Flaubertscher Disziplinierungsmaßnahmen« unterzog.

Ab Mitte bis Ende der dreißiger Jahre wurde Gionos Imagination mehr und mehr apokalyptisch. Angesichts der Diktaturen, die allerorten aus dem Boden schossen, und der unmittelbar bevorstehenden Gefahr eines zweiten weltweiten Konflikts träumte er von Bauernaufständen, von Kriegen gegen den Krieg. Er verwendete viel Energie auf militärfeindliche Reden und freute sich über beifällige Briefe von seiten dienender Soldaten. Fast scheint es jedoch, als sei auch er mit einemmal vom Zeitgeist befallen, wenn er sich plötzlich in geradezu obsessiver Weise mit der übermächtigen Gestalt des einsamen Helden beschäftigt, trotz des Persönlichkeitskults, den man tatsächlich mit Hitler, Stalin und Mussolini betrieb. Der Journalist Andrée Viollis schrieb an Giono mit einer Mischung aus Bewunderung und Schrecken: »Ich beneide Sie um Ihre herrliche Sicherheit angesichts der vielen, höchst bedauerlichen, komplexen Probleme.« Diese prophetische Phase war nicht etwa eine Verirrung, Giono nahm vielmehr Rache für seine politische Desillusionierung, indem er fiktive Gegenbilder erfand.

Während der Zeit der deutschen Besatzung lautete das Motto in seinem Tagebuch: »Laß dich nicht für dumm verkaufen!« Er war sich stets im klaren über die mörderische *political correctness* der Jahre 1944 und 1945, über das Begleichen alter Rechnungen und die Verbrechen der Opportunisten, die sich jeder oder keiner politischen Überzeugung verschrieben hatten. Er stand den Kommunisten und ihrer möglichen Machtübernahme nach dem Krieg stets ablehnend gegenüber und hielt beharrlich an seiner Meinung fest, die er schon in den dreißiger Jahren vertreten hatte, nämlich an der Vorstellung einer radikalen Verschiedenheit von Fabrikarbeitern und Bauern, von Hammer und Sichel. Wenn man bedenkt, wie viele Bomben die Alliierten wahllos über der Gegend von Manosque abwarfen, kann man Giono und seine Landsleute durchaus verstehen, wenn sie das eine oder andere Ressentiment gegen die Angelsachsen hegten.

Gionos persönlicher menschlicher Beitrag während des Kriegs bestand darin, mehreren Flüchtlingen, darunter auch Juden, Unterkunft, Nahrung und finanzielle Unterstützung gegeben zu haben. Während der *Libération* war er dermaßen pleite, daß er an seine Pariser Agenten schrieb, sie möchten doch ein paar seiner geliebten Manuskripte veräußern.

Das Tagebuch endet im September 1944 mit Gionos Befürchtung, jemand vom »Komitee für öffentliche Sicherheit« könne jeden Augenblick an seine Tür klopfen. Sein kompromißloser Pazifismus, das wußte er, würde ihm im neuen Terror schlecht zu Gesichte stehen.

Obwohl er sich unablässig damit brüstete, den Intellektualismus zu verabscheuen, liebäugelte er unter anderem mit dem Projekt einer avantgardistischen, in Zeitlupe gedrehten Filmversion von Sartres *Der Ekel.* Immerhin erinnert dieser Roman stellenweise an Giono, wenn darin zum Beispiel die Ansicht geäußert wird, die wuchernde Natur brauche menschliche Konstrukte. Wie Sartre wiederholt auch Giono nimmermüd, daß jede Kunst eine wenn auch großzügige Lüge sei, ein gutgemeintes Erzeugen von Bildern. Ende des Jahres 1943 faßte Giono den festen Entschluß, seine Hymnik etwas im Zaume zu halten und sich künftig banalen, nachvollziehbaren Fakten zuzuwenden – ein zum Glück nicht eingelöstes Versprechen. »Ich werde erst dann gut lügen (wirklich erfinden) können, wenn ich vollkommen wahrhaftig bin.« Diese Wahrhaftigkeit wurde jedoch ein wenig gepolstert durch neuentdeckte Passionen: für Stendhal, Machiavelli, Cervantes, Melville und Faulkner, ein berauschendes Gebräu von Schwindlern, die lauthals die Wahrheit verkünden. Giono hatte zuweilen merkwürdige Anwandlungen von Bescheidenheit, zum Beispiel wenn er von sich behauptet, er sei stets »einfallsreich und nie um Worte verlegen, doch seine Formulierungen seien armselig und kraftlos«. Dann wieder sehnte er sich nach einem geradlinigeren, ungelackten Beyleschen Stil.

Immer öfter empfand er das Bedürfnis, den Leser aufs Glatteis zu führen (»Niemals den Ball in die Ecke schleudern, in der der Leser ihn erwartet« – ein Bild aus dem Tennis). Er wollte seinen Roman *Die große Meeresstille* (sowohl von Melville, Lautréamont wie Poe beeinflußt) als »kosmischen Krimi« verstanden wissen. Auch seine Reisebeschreibung *In Italien, um glücklich zu sein* (in dieser Pléiade-Ausgabe mitenthalten) ist in ihrer Stendhalschen Italomanie typisch wirklichkeitsfern. Giono war tief im Herzen, wie Tournier, ein seßhafter Reisender. Wenn er schreibt, schreibt er neu. Dennoch ist er Beyle am wenigsten nahe, wenn er gesteht: »Ein unsagbares Glück gibt es nicht, das ist eine Tatsache.« Giono wirft der Natur kein anthropozentrisches *design* über; dies erklärt sowohl das unwirkliche wie das sublime Beste von Gionos idiosynkratischem Streben nach Glück. »Die Grotten von Lascaux waren nicht irgendwelche Grotten.«

Der Fall Dominici *(Notes sur l'Affaire Dominici)* gab ihm die Gelegenheit, den bäuerlichen Kriminellen, den die Medien mystifizierten, mit seiner lebenslangen Bauernphantasie zu vergleichen. Er sah den alten Mann Dominici durch die verzerrende Linse seiner eigenen Unmäßigkeit, seines eigenen wütenden Individualismus. Giono hatte nicht viel übrig für die Erbsünde und war daher wenig interessiert an der Schuld des Bauern. Natürlich liegt in solchen Unterschlagungen etwas ungemein Gefühlloses, obwohl gerade sie der Stoff für Fiktionen sind. In einer poetischen Auftragsarbeit zum Thema ›Stein‹ gibt Giono sich sowohl angenehmen wie quälenden Phantasien hin, ersteht im Geiste italienische Kirchen oder wird von einem Felsbrocken zermalmt. (Giono war wegen seiner pazifistischen Einstellung sowohl am Anfang als auch am Ende des Zweiten Weltkriegs im Gefängnis.)

In *Bestiaire* bedient sich Giono weitgehend imaginärer Wesen und macht sie zu Sinnbildern für menschliche, zumeist perverse Leidenschaften. Wie in vielen seiner Nachkriegswerke geht es auch hier um das Gegensatzpaar *Verschwendung* (Fusion mit etwas, das das eigene Selbst übersteigt) und *Geiz* (der Drang, seine Integrität zu horten). Sogar seine Aversionen sind optimistisch, Sprungbretter zu Kompensationen. So verleiht er einer häßlichen Raffinerie in der Nähe von Marseille neuen Glanz: »Kaum war die Welt entzaubert (oder entmystifiziert), verzauberte oder mystifizierte sie sich auf anderem Wege neu.« Sein Spiel mit Engel-Dämon-Gegensätzen ist nur annähernd Pascal nachempfunden, ebenso sein resolut heidnisches Thema der Zerstreuung, des *ennui*. Stets aus der Not eine Tugend machend, stiehlt er unentwegt, wie die Situationisten oder Surrealisten, Sprichwörter oder Zitate. Seine Ironie ist, wie er selber gesteht, weitgehend lyrisch. In seinen Anmerkungen zum *Bestiaire* ist Giono am verspieltesten, ein schöpferischer Plagiator à la Borges – »die Alchimie eines Fälschers«, wie Citron kommentiert. Bereits das Werk *Die Sternenschlange* von 1930, so Citron weiter, sei ungemein verschwenderisch angelegt gewesen in seiner Evokation von Schäferritualen. Giono war kein Bauer, sondern ein Gegner der Stadt und überdies, wie Montaigne, ein Mann seines Arbeitszimmers. Sartre bezeichnete Giono einmal ungnädig als einen Provinz-Gelehrten, einen »Notar, der vor den großen, blaubemalten Flächen eines Globus sitzt und träumt«.

In *Le Désastre de Pavie* wundert sich der Schriftsteller, weshalb die Franzosen, die eigentlich hätten gewinnen müssen, die Schlacht zuletzt verloren. Er präsentiert die Schlacht bei Pavia fragmentarisch, in der Art, wie Stendhals Fabrice auf Waterloo zurückblickt. Giono läßt seinem Humor freien Lauf und ist nicht imstande, geopolitische Strategien ernstzunehmen. Die eigentliche Schlacht tobte zwischen Leidenschaft und Langeweile. Durch seine Arbeit konnte Giono dem zwanzigsten Jahrhundert den Rücken kehren und doch immer wieder verstohlene Blicke über die Schulter werfen. In seiner warmen Kritik gelingt Henry Godard, ohne Giono nachzuahmen, zuweilen ein ehrwürdiger lyrischer Ton; seine Annäherung ist emphatisch. Er betont die Bedeutung von Gionos häufig wiederkehrender Vision von einer modernen Welt, die plötzlich zu ihren Ursprüngen zurückkatapultiert wird: Wildschweine, die blinzelnd aus der Metro auftauchen, welche zur urzeitlichen Höhle geworden ist. Wie würden sich die Menschen wohl in solch einer Welt zurechtfinden?

Godard erklärt das Wesen von Gionos Verwendung der Metapher, die wie bei Proust verschiedene Eindrücke miteinander vereint. Vor allem kommt er den Zusammenhängen zwischen Gionos vermeintlichen »zwei Schreibarten« auf die Spur. Die frühen Romane, die auf dem Land spielten, waren selten naive Utopien; Giono beschäftigte sich auch hier mit den Themen Gier und Gewalt. Godards Einschätzung von Gionos Stendhalismus ist exzellent: eine ungezwungene, komplizenhafte Intertextualität, der gemeinsame, nicht reaktionäre Aristokratismus. Giono war kein antiromantischer Naturbursche wie Martin Heidegger. Gionos Naturauffassung ist durchaus der des Malers André Masson verwandt. »Schluß mit den großen Ideen vom Menschen, dem König der Schöpfung.«

Bezüglich der Themen Verlust (Verschwendung) und Geiz hätte Godard noch Gionos Herzleiden anführen können, dessenthalben er zum Beispiel auf Salz verzichten mußte. Giono gewinnt aus diesem Verzicht ein schöpferisches Mahl, so wie seine späteren Helden und Heldinnen Vergnügen darin finden, die üblichen Früchte des Konsumglücks nicht zu kosten. Godard macht jedoch selbst aus Gionos späteren Fehlern eine Tugend und schreibt, seine Sparsamkeit mit Informationen und Erklärungen würden ein »Geheimnis im hellen Tageslicht« hervorbringen. Bei Giono ist die natürliche Welt ein Blasebalg, dessen Bewohner immer schweigsamer werden. Die Schriften nach dem Krieg befassen sich nicht nur mit der Natur, sondern auch mit dem Naturfeindlichen: gegen den Strich, gegen den Strom. Godard verbindet feinsinnig das Beste solcher Fiktion *(Der Husar auf dem Dach)* mit Gionos Ansicht über die Kommunistische Partei bei Kriegsende. Die Figuren in seinem Roman, die skrupellos Vorteile aus der Choleraepidemie ziehen, werden implizit mit den Trittbrettfahrern jener Zeit verglichen. Als er über die Schlacht bei Pavia »recherchierte«, behauptete Giono, er hätte das Gefühl, in der damaligen Zeit zu leben, der Held seines eigenen Werks zu sein. Wie Flaubert, der sich in sein Geschöpf Emma hineinzudenken vermochte, war auch Giono mit einer seltenen Einfühlsamkeit begabt. Er war, wie seine

Lieblingsgottheit Pan, überall präsent in seiner Schöpfung und verlieh ihr Energie. Jean Giono denkt und imaginiert, er verliert sich in der Nacht der Zeit. Wie jedem wahren Dichter geht es ihm darum, die Linearität aufzubrechen in Richtung Nicht-Zeit. Er hat kein Bedürfnis, ein Etikett zu setzen. Er kannte die Härte der Welt und wußte, daß unser Dasein eine Tragödie ist. Vor jedem Glück, vor jeder großen Seligkeit erwarten uns die Bestien, die Larven … und sperren die Rachen auf und wollen uns zeichnen mit ihren Krallen. »Seine Wunden lecken, das bedeutet, seine Illusionen verloren zu haben.«